⊙ **사진 제공**
국립경주박물관, 국립공주박물관, 국립중앙박물관, 한국 전통문화대학교 정석대 교수님

교과서 속 역사 이야기
그림으로 보는 한국사 ②

개정판 1쇄 발행 2022년 3월 10일
개정판 11쇄 발행 2025년 7월 20일

글 황은희 | **그림** 이명애 | **감수** 역사와 사회과를 연구하는 초등 교사 모임

발행인 오형석
편집장 이미현 | **편집** 정은혜 | **디자인** 이희승
발행처 (주)계림북스
신고번호 제2012-000204호 | **등록일자** 2000년 5월 22일
주소 서울시 마포구 창전로 74 여촌빌딩 3층
대표전화 (02)7079-900 | **팩스** (02)7079-956
도서문의 (02)7079-913
홈페이지 www.kyelimbook.com

ⓒ계림북스, 2022
이 책에 실린 글과 그림, 사진의 무단 전재나 복제를 금합니다.

ISBN 978-89-533-3433-5 74900 | 978-89-533-3431-1(세트)

글 황은희 | 그림 이명애 | 감수 역사와 사회과를 연구하는 초등 교사 모임

감수의 말

역사 속으로 이제 발을 내딛는 어린이들을 위한 책!

초등학교 5학년 교육 과정에 한국사 교육이 도입되면서 많은 학부모님과 학생들이 역사 학습에 큰 관심을 보이고 있습니다. 초등학교 저학년 때부터 읽을 만한 역사책을 찾는 눈길도 더욱 많아지고 있고요.

그런데 도대체 왜 우리 아이들에게 역사를 알려 주어야 하는 걸까요? '역사를 배운다'는 것은 역사 그 자체를 배우는 것이기도 하지만, '역사를 통해 배우는 것'이기도 합니다. 과거를 들여다봄으로써 현재를 알고, 나아가 미래를 내다볼 수 있지요.

하지만 저학년의 경우 의도적으로 역사를 교육하기란 쉽지 않습니다. 그 나이 때에는 '역사'라는 개념을 인식하기보다는 막연하게 옛것을 느끼는 정도이기 때문입니다. 따라서 저학년 어린이들에게는 스토리텔링으로 역사를 풀어내 마치 동화책을 읽듯이 쉽고 재미있게 역사책을 접하게 해 주는 것이 좋습니다. 실제로 교육 현장에 있다 보면 역사책을 좋아하는 아이들도 역사책이 '옛날이야기 읽듯 술술 읽히는 책이었으면 좋겠어요.'라고 이야기하곤 합니다.

〈그림으로 보는 한국사〉 시리즈는 이러한 부모님들의 관심과 우리 아이들의 바람을 담아 만든 역사책이에요.

이 책은 저학년 아이들의 눈높이에 맞는 내용을 적절한 분량의 글로 풀어내 아이들이 혼자서도 옛이야기처럼 술술 재미있게 읽으면서 한국사의 흐름을 쉽게 정리할 수 있습니다.

역사적 사건을 콕 집어낸 재치 있는 그림에 사진 자료 및 역사 지도 등을 덧붙여 내용을 입체적으로 이해할 수도 있지요.

또한 정치나 사회에만 치우치지 않고 옛날 사람들이 살던 모습, 풍속, 문화 등을 적절히 녹여 내 아이들이 역사란 나와 상관없는 먼 옛날의 이야기가 아닌, 자신과 관련된 친근한 이야기라는 것을 느낄 수 있을 것입니다.

본문 중간중간에 마련된 코너인 '역사 배움터'에서는 더 깊이 알아 두면 좋은 내용들을 살펴볼 수 있으며, '역사 놀이터'에서는 재미있는 문제를 풀며 읽은 내용을 확인할 수 있습니다. 그리고 책의 끝장에 붙어 있는 연표를 통해 역사의 흐름을 한눈에 정리할 수 있어요.

우리 아이들이 〈그림으로 보는 한국사〉를 읽고 우리 역사에 더욱더 관심을 갖고, 자신과 나라의 미래를 생각할 수 있는 아이로 성장하길 바랍니다.

역사와 사회과를 연구하는 초등 교사 모임

차례

- 신라의 시조는 누구일까요? ········ 12
  - 경주 지역에 세운 신라
  - 알에서 태어난 박혁거세
  - 바다를 건너온 석탈해
  - 금빛 궤짝에서 나온 김알지
  - 돌아가며 왕이 된 박씨, 석씨, 김씨
- 왕의 이름이 여러 가지예요 ········ 21
- 살기 좋은 신라의 땅 ········ 22
- 이제 어엿한 나라가 되었어요 ········ 23
  - 김씨만 왕이 될 수 있어요
  - 고구려의 도움으로 왜를 물리쳤어요
  - 신라와 백제가 힘을 합했어요
  - 삼년산성을 세웠어요
- 신라의 노래를 불러요 ········ 29
- 신라의 무덤 속으로 들어가 볼까요? ········ 30
  - 천마도가 발견된 천마총
  - 신라는 황금의 나라
- 사로국이 '신라'가 되었어요 ········ 34
- 우산국을 정벌한 신라 장군 이사부 ········ 35
- 신라 사람들은 이렇게 살았어요 ········ 36
  - 호미와 낫으로 농사를 지었어요
  - 소가 농사를 도왔어요
  - 북적북적 신라의 시장
  - 일손이 부족해요

역사 배움터 ········ 40
베와 곡식이 돈이에요!

- 나라를 어떻게 다스렸을까요? ········ 42
  - 지방에 관리를 보냈어요
  - 법으로 나라를 다스렸어요
- 신라 사람들은 무엇을 믿었나요? ········ 44
  - 귀족들이 불교를 반대했어요
  - 불교를 위해 목숨 바친 이차돈
- 신라의 귀족들을 만나 볼까요? ········ 48
  - 나라의 중요한 일을 결정하는 화백 회의
  - 골품제는 신분 제도
- 신라 사람들이 만든 흙 인형 ········ 50
- 화랑도를 통해 인재를 길렀어요 ········ 52
- 진흥왕은 무슨 일을 했나요? ········ 54
  - 한강을 차지했어요
  - 백제의 성왕을 물리쳤어요
  - 순수비를 세웠어요
  - 가야를 정복했어요

가야

역사 배움터 ······· 60
전쟁 틈에 꽃핀 가실의 러브 스토리

• **선덕 여왕은 무슨 일을 했나요?** ······· 62
　– 최초의 여왕이 탄생했어요
　– 첨성대를 만들었어요
　– 황룡사에 구층 목탑을 세웠어요

• **삼국 통일의 두 주인공** ······· 68
　– 김춘추는 태종 무열왕
　– 가야 사람 김유신

• **신라가 삼국을 통일했어요!** ······· 72
　– 당나라와 손을 잡았어요
　– 백제를 무너뜨렸어요
　– 관창의 용기에 힘을 얻었어요
　– 고구려를 무너뜨렸어요
　– 한반도를 집어삼키려는 당나라
　– 당나라를 몰아내고 이룬 삼국 통일

역사 배움터 ······· 80
우리 민족 최초의 통일

역사 놀이터 잘못된 부분 찾기 ······· 82

• **김수로는 가야의 첫 번째 왕** ······· 86
　– 알에서 나온 김수로
　– 인도에서 온 가야의 왕비

• **나쁜 것을 떠나보내는 계욕제** ······· 89

• **금관가야는 가야의 중심** ······· 90

• **가야는 철의 나라예요** ······· 92
　– 여러 나라에 철을 수출했어요
　– 철이 가야의 힘을 키워 주었어요

• **서서히 힘을 잃은 금관가야** ······· 96
　– 가야는 강인한 나라였어요
　– 신라의 눈치를 보며 살았어요
　– 고구려의 공격을 받았어요
　– 힘을 잃어 가고 있어요

• **여러 가지 모양의 토기** ······· 102

• **대가야의 시대가 왔어요!** ······· 103
　– 새롭게 떠오른 대가야
　– 다시 힘을 키웠어요
　– 백제의 검은 속셈
　– 신라의 검은 속셈

통일 신라

- 금관가야가 신라에 항복했어요 ········ 108
- 가야 사람들은 어떻게 살았나요? ······ 109
  - 산 사람을 무덤에 묻었어요
  - 무덤에서 나온 가야 소녀
  - 나는 가야 스타일!
- 역사 속으로 사라진 대가야 ············ 112
  - 신라의 손에 멸망했어요
  - 신라로 간 가야 사람들
- 우륵과 가야금 ···························· 116

역사 배움터 ································ 117
삼국시대 VS 사국시대

역사 놀이터 숨은 그림 찾기 ········· 118

- 평화로운 통일 신라 ······················ 122
  - 바다의 용이 되어 신라를 지키겠다
  - 신라가 몰라보게 달라졌어요
  - 귀족들이 안압지에서 잔치를 열었어요
  - 다섯 개의 작은 서울이 있어요
  - 귀족들이 더 잘살게 되었어요
- 세상에 평화를 부르는 피리 ············ 130
- 신라의 이모저모 ·························· 132
  - 마을 사정을 한눈에 알 수 있어요
  - 석빙고는 얼음 창고예요
- 서역 사람들이 신라에 왔어요! ········ 134
- 찬란하게 꽃핀 불교문화 ················ 136
  - 불교를 널리 퍼뜨린 원효 대사
  - 인도를 여행하고 온 혜초
  - 다시 태어난 김대성
  - 부처님의 나라, 불국사
  - 석굴암의 비밀

역사 배움터 ································ 145
그림자가 비치지 않는 탑

- 성덕 대왕 신종의 아름다운 소리
- 신라의 활발한 무역 활동 ················ 148
  - 당나라에 있는 신라 마을
  - 바다의 왕, 장보고
- 귀족 김헌창이 반란을 일으켰어요 ········ 150
- 신라의 문제점을 지적한 최치원 ·········· 152
- 천년의 역사를 이어 온 신라의 멸망 ······ 154
  - 왕위 다툼이 벌어졌어요
  - 힘을 잃은 신라, 일어서는 호족
  - 신라의 최후

역사 놀이터 다른 그림 찾기 ············· 160

발해

- 발해는 어떻게 세워졌나요? ············· 164
  - 나라를 잃은 고구려 사람들
  - 대조영이 진국을 세웠어요
  - 남쪽에는 신라, 북쪽에는 발해
  - 나라의 이름을 발해로 고쳤어요

- 발해의 왕들을 만나러 가요! ············· 168
  - 영토를 넓힌 무왕
  - 발해의 국력을 키운 문왕
  - 가장 넓은 땅을 차지한 선왕
- 발해의 도읍지 ······························ 173
  - 동모산에서 상경까지
  - 발해의 길을 통해 여러 나라로!
- 발해의 문화를 알아보아요 ··············· 175
  - 춤추는 발해 사람들
  - 여러 나라의 문화가 섞여 있어요
  - 불교가 발달했어요

역사 배움터 ································ 178
삼국과 발해의 무덤

- 발해의 마지막 순간 ······················· 180
  - 거란의 침입으로 멸망했어요
  - 발해를 기억해 주세요

역사 놀이터 역사 낱말 퍼즐 ············· 182

역사 놀이터 정답 ·························· 184

〈부록〉 한국사 연표

신라는 한반도 동남쪽의 경주 지역에 터를 잡은 나라입니다.
삼국 중에서 가장 발전이 늦었던 나라지요.
그런데 그런 신라가 고구려, 백제, 신라 세 나라를 통일했어요.
지금부터 신라가 어떻게 세워졌고,
어떻게 힘을 키워 삼국 통일의 주인공이 되었는지 살펴볼 거예요.
또 신라 사람들은 어떤 생활을 했으며 무엇을 남겼는지
그들의 이야기를 들어 보세요.

신라의 시조는 누구일까요?

경주 지역에 세운 신라

한반도 동남쪽 경주 지역에 사로국*이라는 작은 나라가 있었어요. 사로국의 여섯 촌장들이 여섯 마을을 각각 다스리고 있었지요. 그러던 어느 날, 여섯 촌장들이 알에서 나온 박혁거세를 사로국의 왕으로 모셨어요. 석탈해와 김알지도 사로국으로 들어와 신라를 지배하는 세력이 되었어요.

★**사로국** 경상북도 경주에 있던 나라로서, 훗날 나라의 이름을 신라로 바꾸었어요.

사로국은 경주 지역에 세워졌어.

사로국

신라

신라의 시조*인 박혁거세와 석탈해, 김알지가 등장하는 신화는 신비로운 이야기들로 가득합니다. 백성들이 그들을 특별한 존재로 생각하도록 하려고 지은 이야기예요. 그런데 신비한 이야기 속에는 당시 모습을 알 수 있는 역사적 사실들이 들어 있답니다. 그럼 그들의 탄생 이야기부터 들어 볼까요?

★**시조** 제일 처음 조상을 말해요.

저기가 말로만 듣던 사로국?

알에서 태어난 박혁거세

사로국의 한 촌장이 길을 가다가, 우물가 앞에서 무릎을 꿇고 있는 하얀색 말을 보았어요. "아니, 저게 뭐지?" 촌장이 우물가로 가까이 가 보니 자주색 알이 하나 있었어요. 하얀 말은 촌장이 다가오자 하늘로 올라가 버렸고, 며칠 후 알에서 잘생긴 사내아이가 태어났어요.

혹시 3년 전에 잃어버린 내 알인가?

신라

사람들은 알에서 나온 아이를 냇가로 데려가서 목욕을 시켰어요. 그랬더니 아이의 몸에서 반짝반짝 빛이 났어요. 또 새와 짐승들이 춤추고 하늘과 땅이 울렸어요. 해와 달도 더욱 밝아졌지요.
사로국 사람들은 그 아이에게 '박 모양의 알에서 나온 아이'라는 뜻으로 '박'씨 성을 붙여 주고, '세상을 밝힌다'라는 뜻으로 '혁거세'라고 부르기로 했어요. 촌장들은 박혁거세가 열세 살이 되자 그를 사로국의 왕으로 모셨답니다(기원전 57년).

바다를 건너온 석탈해

용성국의 왕비가 임신한 지 7년 만에 아이를 낳았어요. 그런데 왕비가 낳은 건 사람이 아니라 둥근 알이었어요. 용성국의 왕이 알을 보고 불길한 징조라고 하며 당장 내다 버리라고 했어요. 그 말을 들은 왕비가 알을 보물과 함께 궤짝에 담아 바다에 몰래 띄워 보냈어요. 아이를 살리기 위해서는 그 방법밖에 없었어요.

★**용성국** 신라가 세워질 무렵, 그 주변에 있던 작은 나라예요.

우리 아가, 엄마가 지켜 주지 못해서 미안해….

신라

그 궤짝이 바닷가에 이르자 까치 떼가 모여들어 서럽게 울어 댔어요.
그 앞을 지나가던 할머니가 고개를 갸우뚱하며 배 안쪽을 들여다보았어요.
궤짝 안에는 몸집이 크고 살결이 뽀얀 사내아이가 있었어요.
알에서 나온 그 아이는 지혜롭고 똑똑한 청년으로 자라났어요.
그 소문이 온 나라에 퍼지자 남해왕이 그를 사위로 삼았고,
그는 나중에 신라의 네 번째 왕이 되었어요. 그가 바로 석탈해예요.

알에서 태어난 아이 좀 봐!

금빛 궤짝에서 나온 김알지

석탈해가 왕이 되고 몇 년이 흘렀어요. 어느 날, 경주의 서쪽 '계림'이란 숲에서 빛이 환하게 비치고 있었어요. 한 신하가 그곳에 가 보니, 나뭇가지에 금빛 궤짝이 걸려 있고, 하얀 닭이 나무 아래에서 울고 있었어요. 이 소식을 전해 들은 왕이 숲으로 가서 궤짝을 직접 열어 보았어요. 궤짝 속에는 웬 아이가 앉아 있었어요.

신라

석탈해는 하늘에서 보내 준 아이로 생각하고 그를 집으로 데려왔어요.
그리고 금빛 궤짝에서 나왔으니 '김(金, 쇠금)'씨, 어린아이라는
뜻으로 '알지'라는 이름을 붙여 주었어요. 석탈해는 김알지에게 왕위를
물려주려고 했지만, 김알지는 다른 사람에게 왕위를 양보했어요.
훗날 김알지의 자손이 신라의 열세 번째 왕위에 올랐고,
김알지는 신라의 왕족인 김씨의 시조가 되었어요.

돌아가며 왕이 된 박씨, 석씨, 김씨

박혁거세와 석탈해가 왕이 되고 김알지가 김씨의 시조가 된 뒤, 박씨, 석씨, 김씨가 돌아가며 신라의 왕이 되었어요. 세 성씨의 힘은 막상막하였어요. 그래서 그들을 중심으로 연맹 왕국을 이루고 번갈아 가며 신라를 다스리기로 한 거예요.

★**연맹 왕국** 여러 부족이 힘을 합해 하나의 나라를 이룬 형태예요.

朴氏 박씨

昔氏 석씨

金氏 김씨

신라

왕의 이름이 여러 가지예요

신라에서는 지증왕 이전까지 왕을 거서간, 차차웅, 이사금, 마립간이라고 불렀어요. 거서간은 '우두머리', 차차웅은 '무당'이라는 뜻이에요. 왕이 무리를 이끌고 하늘에 제사를 지내는 사람이라서 그렇게 불렀대요. 이사금은 '이가 많은 사람'이라는 뜻이에요. 이가 많은 사람은 나이가 많아 경험이 많고 지혜롭다고 생각해서 붙인 이름이지요. 마립간은 '큰 우두머리'라는 뜻이에요.

마립간
=큰 우두머리

이사금
=이가 많은 사람

차차웅
=무당

거서간
=우두머리

살기 좋은 신라의 땅

신라의 도읍지는 금성★이에요.
고구려와 백제는 도읍지를 여러 번 옮겼지만,
신라는 천 년 동안 한 번도 옮기지 않았어요.
경주는 바다가 가까워서 해산물이 풍부하고,
넓은 평야가 있어서 농사짓기에 좋았어요.
땅이 기름져서 해마다 곡식이 잘 자라고
열매도 주렁주렁 열렸지요.
유리왕 때에는 가배★ 축제가 열렸어요. 나라 안의 여자들이 두 편으로 나뉘어
한 달 동안 누가 옷감을 더 많이 짜는지 겨루는 길쌈 대회예요.
진 편이 이긴 편에게 햇곡식으로 만든 음식과 술을 대접했고,
사람들이 모여 음식과 술을 나눠 먹으며 하늘에 감사를 드렸어요.

★**금성** 지금의 경주예요.
★**가배 축제** 오늘날의 추석과 비슷해요. 음력 7월 16일부터 8월 14일까지 열린 행사예요.

신라

이제 어엿한 나라가 되었어요

김씨만 왕이 될 수 있어요

신라는 고구려와 백제보다 늦게 발전했어요. 17대 내물왕 때에야
비로소 나라의 기틀이 잡히기 시작했지요.
356년 내물왕 때부터 박씨와 석씨가 아닌 김씨만 왕이 될 수 있었어요.
김씨가 박씨와 석씨를 몰아내고 왕의 자리를 독차지했기 때문이에요.
하나의 성씨가 왕이 되면서 왕의 힘이 더욱 강해졌고,
큰 우두머리라는 뜻의 '마립간'이라는 새로운 왕의 호칭이 생겼어요.

왕의 힘이 커졌으니 앞으로 마립간이라고 부르도록 하라.

고구려의 도움으로 왜를 물리쳤어요

신라가 나라의 기틀을 잡아 갈 무렵, 세 나라(삼국) 중에서 고구려의 힘이 가장 막강했어요. 고구려의 광개토 대왕은 먼저 백제를 공격했어요. 공격을 받은 백제는 당시 자신들의 영향을 받고 있던 가야에게 신라를 공격하라고 부추겼어요. 신라마저 자신들을 공격할까 봐 걱정이 되었기 때문이지요. 그동안 신라의 침입을 받아 온 가야는 기회로 생각하고, 백제, 왜와 힘을 합해 신라를 공격했어요.

★가야 금관가야와 대가야 등 여러 작은 나라들로 이루어진 나라예요.
★왜 일본의 옛 이름이에요.

신라

궁지에 몰린 신라는 고구려의 광개토 대왕에게 군대를
보내 달라고 부탁했어요. 그러자 400년, 광개토 대왕이 5만 명의 군사를
이끌고 와서 신라에 쳐들어온 왜를 몰아냈어요.
고구려는 왜를 몰아내 준 대신에 신라의 나랏일에 간섭하기 시작했어요.

신라와 백제가 힘을 합했어요

신라 백성들은 고구려가 자신들의 일에 간섭하는 것이 정말 싫었어요.
게다가 고구려가 신라의 왕자를 자기들 나라로 데려가자
신라 백성들의 분노가 하늘을 찔렀지요.
신라는 고구려의 간섭에서 벗어나기 위해서 많은 노력을 했어요.

신라

얼마 후 고구려의 광개토 대왕이 죽고, 그의 아들 장수왕이 왕위에 올랐어요. 427년, 장수왕은 도읍지를 평양성으로 옮기고 백제와 신라를 위협했어요.
마음이 다급해진 백제가 신라에게 힘을 합하자고 말했고,
신라도 찬성했어요.

그래서 신라 귀족의 딸과 백제의 왕이 결혼하여 두 나라 사이가 더욱 가까워졌어요. 덕분에 신라는 신라의 나랏일에 간섭하는 고구려를 몰아낼 수 있었답니다.

삼년산성을 세웠어요

신라는 고구려의 침략을 막기 위해 튼튼한 성을 쌓았어요.
특히 세 나라가 만나는 충청도 보은 지방에 세운 성은
3천 명의 신라 백성들이 3년에 걸쳐 쌓아서
'삼년산성'이라고 불렸어요. 삼년산성은 다른 나라에게
한 번도 빼앗긴 적이 없는 신라의 중요한 성이에요.

벌써 2년째…
언제 다 짓지?

신라

신라의 노래를 불러요

신라 사람들은 신라 고유의 노래인 '향가'를 지어 불렀어요.
우리글이 없어서 한자의 음과 뜻을 빌려서 노랫말을 지었지요.
노랫말은 주로 자신의 소원이나 귀신을 쫓는 내용이 많았어요.
널리 알려진 향가 중에 〈서동요〉라는 노래가 있어요. 백제에 사는 서동이
신라에 사는 선화 공주의 사랑을 얻기 위해 〈서동요〉라는 노래를 지어
아이들에게 부르게 했대요. 함께 들어 볼까요?

〈서동요〉
선화 공주님은
남몰래 결혼하고
서동 도련님을
밤에 몰래 안고 간다

신라의 무덤 속으로 들어가 볼까요?

천마도가 발견된 천마총

신라 왕족들의 무덤은 땅을 파서 나무로 네모난 방을 만든 다음, 그 안에 죽은 사람을 넣은 관과 죽은 사람의 물건을 담은 상자를 함께 넣었어요. 그리고 그 위에 돌을 쌓아 올리고 흙으로 덮었지요.

천마총

어? 내가 아는 한자다! 천… 마…

무덤 총!

신라

신라의 무덤들 중에 하나인 천마총 안에서 하늘을 나는 듯한 말을 그린 '천마도'라는 그림이 발견되었어요.
그뿐만이 아니에요! 무덤 안에서 장신구, 무기, 그릇 등 만여 점의 유물이 발굴되었어요. 특히 금으로 만든 장신구가 많았대요.

★**천마도** 말의 배가리개에 그린 그림이에요.

신라는 황금의 나라

신라의 무덤에서 금팔찌, 금귀고리, 금관 등 금으로 만든 유물들이 많이 발견되었어요. 신라는 외국 사람들이 '황금의 나라'라고 부를 정도로 황금 문화가 발달했어요. 특히 신라의 금관은 중국, 일본, 고구려, 백제에서는 찾아볼 수 없는 신라 고유의 것이랍니다. 신라의 금관은 중국 서쪽에 있는 중앙아시아의 유목 민족이 썼던 금관과 비슷해요. 아마도 그 지역의 영향을 받은 것 같아요.
그런데 왕들은 평상시에도 금관을 썼을까요?
평소에 쓰기에는 너무 무거워 보이지요?
왕의 무덤에서 발견된 것으로 보아, 죽은 왕의 얼굴을 덮을 때 사용했던 것 같아요.

신라

천마총에서 나온 금관

가는 고리 귀고리

사로국이 '신라'가 되었어요

신라의 원래 이름은 '사로국'이에요. 사로국은 '마을'이라는 뜻이에요.
그 뒤에 사라, 서라벌 등으로 부르다가 503년 지증왕 때부터 '신라'라고
정했어요. 신라란 '왕의 어질고 착한 행동들이 날로 새로워져서
여러 곳에 영향을 미친다'라는 뜻이에요.
지증왕은 나라를 다스리는 사람을 마립간에서 '왕'으로 바꿔 부르도록 했고,
신라를 발전시키기 위해 열심히 노력했어요. 그때부터 신라가 나라의
발판을 튼튼히 다지기 시작한 거예요.

신라

우산국을 정벌한 신라 장군 이사부

삼국 시대에는 지금의 울릉도와 독도를 다스렸던 '우산국'이라는 작은 나라가 있었어요. 신라는 우산국을 정벌하고 싶었지만, 우산국의 땅이 험하고 그곳 사람들이 사나워서 기회만 엿보고 있었지요. 신라의 장군 이사부는 우산국을 공격하기 위해 한 가지 꾀를 냈어요. 나무로 만든 사자를 배에 가득 싣고 우산국으로 가서 "항복하지 않으면 사자를 모두 풀어 놓겠다." 하고 협박을 한 거예요. 그러자 겁에 질린 우산국 사람들이 신라에 항복을 했대요.

신라 사람들은 이렇게 살았어요

호미와 낫으로 농사를 지었어요

삼국 시대부터 한반도 전국에서 벼농사를 짓기 시작했어요.
풀을 뽑을 때 사용한 호미, 땅을 갈 때 쓰는 보습, 벼나 풀을 베는 낫 등
여러 가지 농기구도 만들어 사용했지요.
또한 저수지를 만들어 논에 물을 쉽게 댈 수 있도록 했어요.
이렇게 농사짓는 기술이 발전하면서 곡식의 수확량도 조금씩 늘어났어요.

소가 농사를 도왔어요

지증왕이 백성들에게 소를 이용해 농사를 지으라고 했어요.
그때부터 사람들은 땅을 직접 가는 대신에, 소에 쟁기를 매달아서
땅을 갈았어요. 그 덕분에 농작물이 더 튼튼하게 자라났지요.
땅도 기름지고 잡초를 없애기도 훨씬 쉬워졌어요.
그래서 이전보다 곡식을 더 많이 거두게 되었지요.

북적북적 신라의 시장

지증왕 때 금성에 '동시'라는 시장이 열렸어요. 동시에는 물건의 가격이나 가게 문을 닫는 시간 등을 정해 주는 사람이 따로 있었어요.
사람들은 시장에서 무엇을 샀을까요? 일반 백성들은 주로 곡식, 삼베, 농기구를 샀고, 귀족들은 다른 나라에서 들여온 화려한 비단이나 장신구, 도자기를 샀어요. 한편에서는 노비를 사고팔기도 했어요.

신라

일손이 부족해요

많은 사람들이 농사를 짓기 시작하고 농사 기술이 발전하면서 일손이 점점 부족해졌어요. 당시에는 왕이나 귀족들이 죽으면 신하나 종을 무덤에 함께 묻는 '순장'이 유행이어서 일손이 더더욱 부족했지요. 지증왕은 곧 순장을 없앴고, 그 뒤로는 사람이나 동물 모양을 흙으로 빚어 죽은 사람과 함께 묻어 주었어요.

소식 들었어? 순장이 없어진대….

베와 곡식이 돈이에요!

삼국 시대에는 무엇으로 물건을 샀을까요?
자기에게 필요한 물건을 다른 사람의 것과 바꿔 사용했을 거라고요?
그래요, 그것도 틀린 말은 아니에요. 하지만 물건과 물건을 바꿔서 쓰는 일은 여간 불편한 것이 아니었어요. 자신에게 꼭 필요한 물건을 가지고 있는 사람을 때에 딱 맞게 만나는 것도 쉽지 않았고요.
그렇다면 삼국 시대의 사람들은 필요한 물건을 어떻게 샀을까요?

▲사람들이 물건을 사러 시장에 모였어요.

▲화폐가 없어서 물건을 서로 맞바꾸고 있어요.

40

삼국 시대에는 돈 대신에 베나 곡식을 이용해 물건을 샀어요. 시장에 가서 베나 곡식을 내고 자기에게 필요한 고기나 그릇 등 여러 가지 물건을 샀지요.

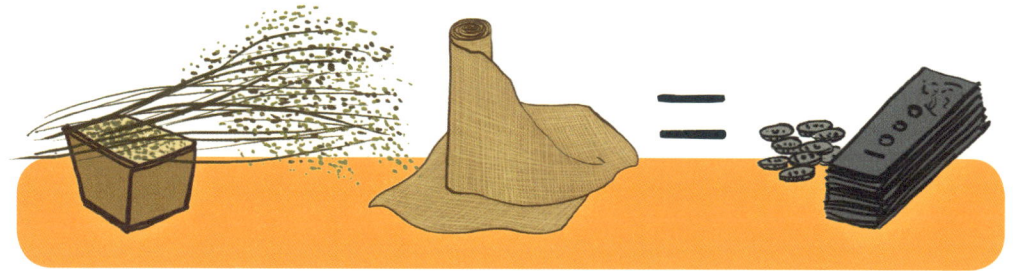

▲베와 곡식이 오늘날의 돈과 같은 역할을 했어요.

나라에서도 나라 살림에 필요한 세금을 쌀, 좁쌀 같은 곡식이나 베로 받았어요. 이와 같이 지금은 돈으로 하는 것을 삼국 시대에는 모두 베나 곡식이 대신했어요.

우리는 세금을 곡식으로 내요.

나라를 어떻게 다스렸을까요?

지방에 관리를 보냈어요

신라의 지증왕은 주변 나라들을 정복한 뒤에 그들을 어떻게 다스릴까 곰곰이 생각해 보았어요. 왜냐하면 정복한 나라에는 이미 왕 노릇을 하는 사람이 있었기 때문이에요. 지증왕은 주요 지방에 관리들을 보내서 지방 구석구석까지 자신의 힘이 미치도록 하려고 했어요.

이렇게 다스리겠노라.

법으로 나라를 다스렸어요

신라의 법은 지방마다 조금씩 달랐어요. 지방에 따라 도둑질을 하거나 남에게 피해를 준 사람을 벌주는 방법이 달랐던 거예요. 그렇다 보니 왕들이 나라를 다스리기가 힘들었어요. 그래서 법흥왕이 신라의 법을 하나로 통일하기 위해 '율령'이라는 법을 만들었지요. 하지만 그 법들은 왕과 귀족들에게만 유리한 내용이었어요.

신라 사람들은 무엇을 믿었나요?

귀족들이 불교를 반대했어요

법흥왕은 불교를 나라의 종교로 처음 인정했어요.
신라에서는 불교를 받아들일 때 많은 어려움이 있었어요.
신라의 백성들은 예로부터 하늘 신과 물 신, 땅 신 등을 섬겼기 때문이에요.
게다가 어떤 부족은 물 신을 믿고 어떤 부족은 땅 신을 믿는 등
부족마다 믿는 신도 달랐지요. 귀족들마저 서로 다른 신을 믿으며
자신들의 힘을 키워 나갔어요.

신라

법흥왕은 흩어진 백성들의 마음을 하나로 모으고,
동시에 자신의 힘을 키우기 위해서 새로운 종교인 불교를 받아들이기로
했어요. 그는 백성들이 한마음으로 불교를 믿으면 자신을 부처님처럼
떠받들 거라고 믿었기 때문이에요.
하지만 귀족들은 불교를 받아들이는 것을 거세게 반대했어요.
자신들이 키워 온 힘을 왕에게 빼앗길까 봐 두려웠기 때문이에요.

불교를 위해 목숨 바친 이차돈

법흥왕의 신하 이차돈은 부처님을 위해 자신의 목숨을 내놓기로 결심했어요. 그는 법흥왕을 찾아가 자신의 생각을 말한 다음, 함께 일을 꾸몄어요. 이차돈이 계획대로 귀족들이 제사를 지내는 '천경림'이란 숲에다 절을 짓자, 귀족들이 이차돈을 죽여야 한다며 거세게 항의를 했어요. 그러자 법흥왕은 아무것도 모르는 척, 귀족들의 뜻에 따라 이차돈의 목을 벴어요.

전해 오는 이야기에 따르면, 그때 이차돈의 목에서 흰 피가 솟구치고 하늘에서 꽃잎이 내려왔다고 해요. 사람들은 그 모습을 부처님의 기적이라고 믿으며 비로소 불교를 받아들였어요.

불교에서는 착한 일을 많이 한 사람은 왕과 귀족으로 태어난다고 믿었어요. 귀족들도 불교의 가르침이 자신들에게 유리하다는 생각이 들자, 불교를 이용해 힘을 키웠어요.

> 신라에 불교를 전하려고 자신을 희생한 이차돈의 순교 정신을 기리기 위해 세운 비석이에요.

이차돈 순교비

신라의 귀족들을 만나 볼까요?

나라의 중요한 일을 결정하는 화백 회의

신라의 귀족들은 나라의 중요한 일을 결정할 때 회의를 열었어요. 이 회의를 '화백 회의'라고 해요. 여섯 부족의 촌장들이 모여서 나랏일을 의논하던 사로국의 전통을 이어받은 거예요. 진골★ 귀족 스무 명 정도가 모여서 회의를 했는데, 무슨 일이든지 귀족들이 모두 찬성해야만 결정을 내릴 수 있었어요. 화백 회의에서 결정되면 왕을 자리에서 물러나게 할 수 있을 정도로 귀족들의 힘이 셌어요.

★**진골** 부모 중에 한 명이 왕족인 사람이라는 견해가 있어요.

신라

골품제는 신분 제도

골품은 '뼈의 등급'이란 뜻이에요. 무슨 말이냐고요? 뼈(핏줄)에 따라 신분에 차이를 둔다는 뜻이지요. 골품은 태어날 때부터 정해져서 대대로 이어졌어요. 또한 신분에 따라 결혼할 사람, 옷 색깔, 집의 크기, 방의 수, 담장 높이 등이 정해졌고, 아무리 똑똑해도 신분이 낮으면 높은 벼슬에 오를 수 없었어요.

골은 성골과 진골, 두품은 6~1두품으로 구분했어요. 성골과 진골은 왕족, 6·5·4두품은 일반 귀족, 3·2·1두품은 일반 평민이에요.

★**성골** 부모가 모두 왕족인 사람이라는 견해가 있어요.

신라 사람들이 만든 흙 인형

신라의 무덤 안에서 여러 가지 모양의 토우가 발견되었어요.
토우는 흙으로 만든 인형으로 대부분 5~10센티미터 정도로 작아요.
원래 토우는 토기에 붙어 있던 것인데, 대부분 토기에서 떨어진
상태로 발견되었어요. 당시 항아리를 보면 토우들이
붙어 있는 것이 많아요.

토우

신라

토우는 사람, 동물, 집, 생활 도구 들의 모양을 본떠서 만들었어요.
예를 들어 아이를 밴 여자가 가야금을 연주하는 모습, 사랑을 나누는 남자와 여자, 뱀, 토끼 등의 모양이에요.
신라 사람들은 왜 토우를 만들었을까요?
나라에서 순장을 법으로 금지해서 하인이나 신하 대신에 토우를 함께 묻어 주기 위해서였어요.
아이들의 장난감으로도 사용됐고요.
또 신라 사람들은 아기를 많이 낳기를 바라는 마음, 농사가 잘되기를 바라는 마음, 나쁜 일을 피하고 싶은 마음을 담아 토우를 만들었답니다.

토우 달린 항아리

화랑도를 통해 인재를 길렀어요

신라의 '화랑도'는 나라를 위해 일할 인재를 교육하는 청소년 단체로, 진흥왕 때의 국가적인 조직이에요.
'꽃처럼 아름다운 사내'라는 뜻에 걸맞게 잘생기고 단정한 귀족 출신의 청년들이 화랑으로 뽑혔어요.
화랑들은 수백 명에서 수천 명의 평민 출신 낭도를 부하로 거느렸어요.
그들은 이름난 산과 강을 돌아다니며 글과 무술, 춤과 노래를 배우고, 몸과 마음을 갈고닦았어요.

★**낭도** 화랑이 거느리던 사람들이에요.

신라

화랑도는 훗날 삼국을 통일하는 데 큰 역할을 했어요.
삼국 통일에 큰 공을 세운 김유신, 김춘추, 관창 등도
모두 화랑도 출신이에요.

화랑이 지켜야 할 5가지 규칙

1. 나라에 충성한다.
2. 부모에게 효도한다.
3. 친구들끼리 서로 믿는다.
4. 싸움터에서 물러서지 않는다.
5. 생명이 있는 것을 함부로 죽이지 않는다.

어이쿠!

압!

호이!

진흥왕은 무슨 일을 했나요?

한강을 차지했어요

고구려, 백제, 신라는 서로 삼국의 주인이 되고 싶어서 늘 기회를 엿보고 있었어요. 특히 한반도의 중심인 한강 주변을 차지하려고 치열한 경쟁을 벌였지요. 한강 주변은 어디로든 쉽게 갈 수 있어서 지리적으로 유리하고, 땅이 기름져 농사짓고 살기에 알맞기 때문이에요. 신라는 고구려나 백제보다 조금 늦게 발전했지만, 진흥왕 때 삼국에서 가장 강한 나라로 우뚝 올라섰어요.

신라

진흥왕은 백제의 성왕과 힘을 합해 고구려를 공격했어요. 그리고 백제가 고구려에게 빼앗긴 한강 주변의 땅을 다시 찾아서 나누어 가졌지요. 하지만 백제와 잘 지낸 것도 잠시뿐이었어요. 553년, 신라가 백제를 배신하고 한강 주변의 땅을 모두 빼앗아 버렸거든요. 그 뒤 진흥왕은 남과 북으로 영토를 넓혀 가기 시작했어요. 한강을 차지한 신라는 황해를 통해 중국과 직접 교류할 수 있게 되었어요.

★황해 한반도와 중국에 둘러싸인 바다예요.
★교류 문화나 사상, 종교를 주고받거나 물건을 사고파는 일이에요.

백제의 성왕을 물리쳤어요

신라에게 한강을 빼앗긴 백제의 성왕은 고민 끝에 딸을 신라에 시집보내기로 했어요. 신라를 안심시키고 그 틈에 쳐들어가려는 속셈이었지요. 하지만 신라는 백제의 속셈을 미리 알아차리고 전쟁에 철저히 대비했어요. 호시탐탐 복수를 노리던 백제 성왕은 대가야, 왜와 힘을 합해 신라를 공격했어요. 성왕의 큰 아들인 부여창이 먼저 두 나라 사이의 길목에 있던 관산성을 공격했어요. 처음에는 백제군이 승리할 것처럼 보였어요.

아이고…
불쌍한 내 딸….

신라

하지만 가만히 당할 신라가 아니었지요. 김무력 장군과 군사들이 백제를 치기 위해 관산성으로 갔어요. 이 소식을 들은 성왕은 아들이 걱정되어 50명의 군사들을 이끌고 관산성으로 갔어요. 그런데 신라군이 성왕을 기다리며 길목에 숨어 있다가 그의 목을 벴어요. 성왕이 죽자 자신감을 잃은 백제군은 전쟁에서 크게 졌어요.

성왕이 지나가나 잘 보라고.

순수비를 세웠어요

진흥왕은 새로운 땅을 차지할 때마다 그것을 기념하기 위해 비석을 세웠어요. 한강 주변을 차지하고 북한산 꼭대기에 세운 북한산비를 비롯해서, 가야 지역을 정복하고 세운 창녕비, 함경도의 땅을 차지하고 세운 마운령비와 황초령비 등의 순수비가 있어요.

★**순수비** 임금이 살피며 다닌 곳을 기념하기 위해 세운 비석이에요.

북한산 진흥왕 순수비

가야를 정복했어요

신라와 가야는 비슷한 힘을 가지고 팽팽하게 맞서고 있었어요. 그런데 고구려의 광개토 대왕이 신라에 침입한 왜를 몰아내고 가야 땅을 공격하면서 금관가야는 점점 힘을 잃어 갔어요. 그때 신라의 법흥왕이 이사부 장군을 보내 532년에 금관가야를 완전히 정복했어요. 그 뒤 진흥왕이 562년에 대가야를 정복했고, 다른 가야들도 하나둘 쓰러져 갔어요.

가야를 정복하라!

역사 배움터

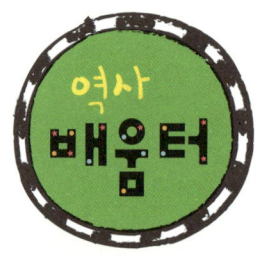

전쟁 틈에 꽃핀 가실의 러브 스토리

신라의 어느 마을에 얼굴이 곱고 마음씨 착한 설씨 아가씨가 살았어요. 그 아가씨는 나이 들고 병든 아버지를 모시고 있었어요. 어느 날, 아버지에게 전쟁터에 나가라는 명령이 전해졌어요. 전쟁이 많았던 삼국 시대에는 15세부터 60세까지의 남자라면 나이에 상관없이 군인이 되어 나라를 지키는 것이 의무였거든요.

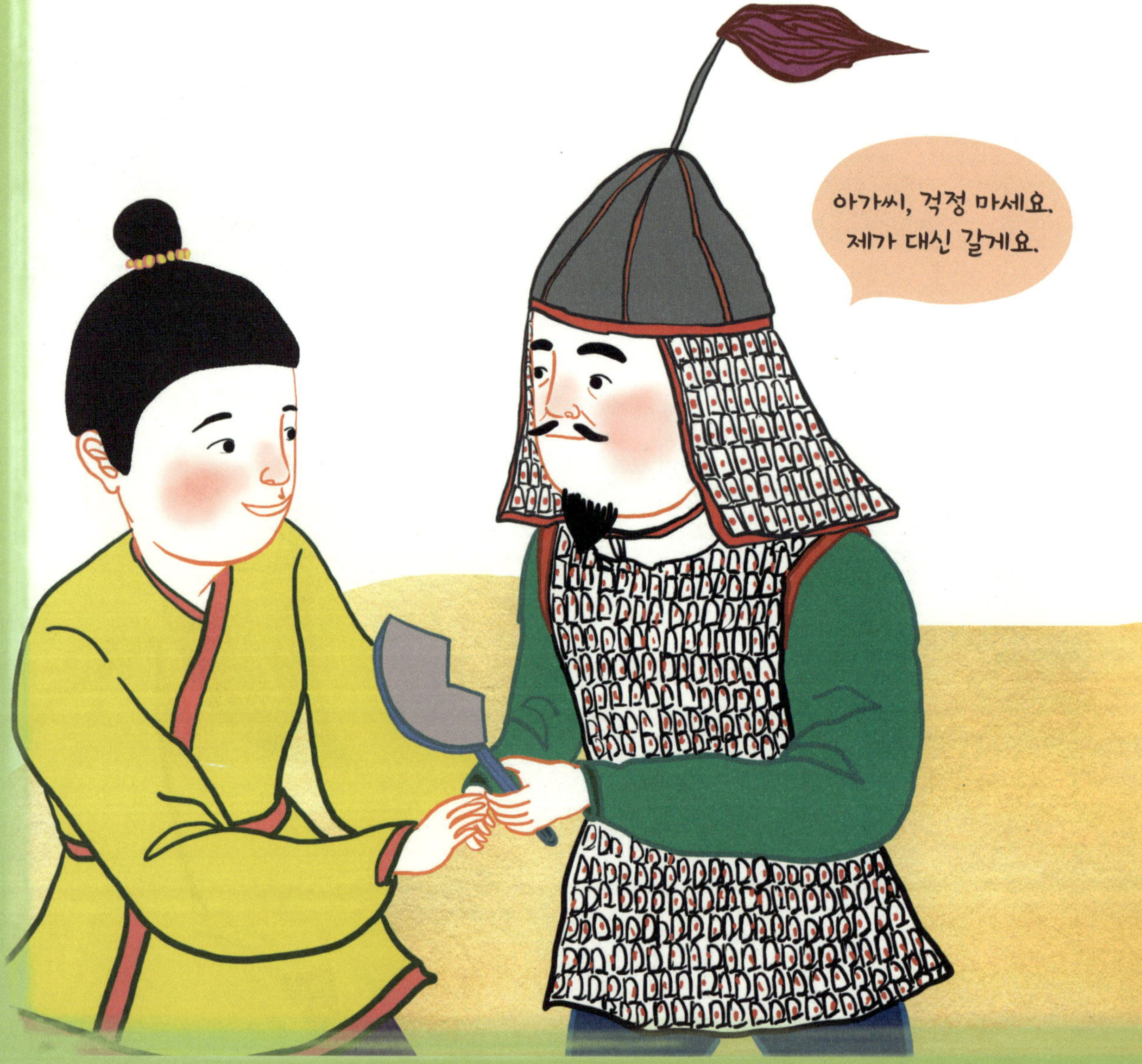
아가씨, 걱정 마세요.
제가 대신 갈게요.

설씨 아가씨는 하늘이 무너져 내리는 것 같았어요.
그때 가실이란 청년이 찾아와 아버지 대신
자기가 전쟁에 나가겠다고 말했어요.
설씨 아가씨는 가실에게 거울 반쪽을
주며 돌아와서 결혼을 하자고
했어요.

가실은 떠난 지 6년이 지나도록 감감무소식이었어요.
다른 사람과 결혼해야 할 운명에 놓인 설씨 아가씨는
가실이 남기고 간 말을 쓰다듬으며 매일 눈물을 흘렸어요.
그러던 어느 날, 허름한 옷을 입은 한 사내가 다가와 반쪽 거울을 보여 주었어요.
가실이 돌아온 거예요! 둘은 결혼해서 오래도록 행복하게 살았대요.

선덕 여왕은 무슨 일을 했나요?

최초의 여왕이 탄생했어요

진평왕이 죽자, 첫째 딸 덕만이가 왕이 되었어요. 그가 바로 우리나라 최초의 여왕인 선덕 여왕이에요. 그때까지만 해도 신라에서는 성골 출신만 왕이 될 수 있었어요. 그런데 진평왕에게는 아들이 없어서 큰 딸인 덕만이가 왕이 된 거예요. 어떤 사람들은 여자가 왕이 되는 것을 반대했지만, 선덕 여왕은 수많은 위기를 이겨 내고 왕위에 올랐어요.

신라

선덕 여왕의 총명함을 보여 주는 이야기가 하나 있어요.
하루는 당나라의 임금 태종이 모란꽃 그림과 꽃씨를 보내 왔어요.
선덕 여왕은 "그림에 나비가 없는 것을 보니 꽃에서 향기가 나지 않겠구나."
하고 말했어요. 결혼하지 않은 여자가 신라의 왕이 되었다고 당나라 왕이
조롱하고 있다는 것을 알아챈 거예요. 꽃씨를 심어 보니 정말 꽃에서
향기가 나지 않았대요. 선덕 여왕은 백성들이 편안하게
살 수 있도록 항상 노력했으며, 김유신, 김춘추와 함께 삼국을
통일하기 위해 힘썼어요.

첨성대를 만들었어요

선덕 여왕이 신라를 다스리고 있을 때, 고구려와 백제가 신라에 자주 쳐들어왔어요. 한편 나라 안에서는 여자가 왕이 된 것을 못마땅하게 생각하는 사람들이 반란을 일으키고 있었지요. 선덕 여왕은 자신이 하늘의 뜻에 따라 신라를 다스리고 있다는 것을 사람들에게 보여 주기 위해 첨성대를 만들었어요. 첨성대는 별자리의 움직임을 보고 하늘을 살피는 관측대로, 날씨를 미리 알아내어 백성들이 농사를 잘 짓고 편히 살 수 있도록 돕기 위해 만든 거예요. 그 시대에도 천문 과학 기술이 발전했음을 알 수 있지요. 돌의 개수 하나하나에도 의미를 두며 정성껏 첨성대를 만들었어요. 우선 27대 왕이었던 선덕 여왕 때 만들어진 것을 기념하기 위해 27단을 쌓았어요. 네모난 문의 위아래로 돌을 열두 단씩 쌓았는데, 그것은 열두 달을 뜻하고요. 사용된 돌의 개수는 모두 365개 내외로, 이것은 1년을 뜻해요.

저기 올라가서 별을 관찰한대!

첨성대

황룡사에 구층 목탑을 세웠어요

황룡사에 세워진 구층 목탑은 신라의 귀한 보물이에요.
황룡사 구층 목탑에 얽힌 이야기를 들어 볼까요?
신라의 승려인 자장이 불교를 공부하기 위해
중국의 당나라로 갔을 때 이야기예요.
어느 날 자장의 꿈에 노인이 나타나서 말했어요.
"구층탑을 세우면 이웃 나라의 침입을 막을 수
있을 것이다."
신라로 돌아온 자장이 선덕 여왕에게 꿈 이야기를
하자, 선덕 여왕이 탑을 만들라고 명령했어요.
중국, 왜 등 주변에 있는 아홉 나라의 침입을
막고자 하는 소망을 담아 9층짜리 탑을 쌓았어요.
25층 건물 높이의 이 거대한 나무 탑은 17년 뒤에
완성되었어요. 하지만 고려 시대에 불에 타서
지금은 그 모습을 볼 수 없어요.

삼국 통일의 두 주인공

김춘추는 태종 무열왕

김춘추는 선덕 여왕의 동생인 천명 공주의 아들이에요. 그는 뛰어난 외교술로 김유신과 함께 삼국을 통일하는 데 큰 공을 세웠어요. 두 사람은 처지가 비슷해서 더욱 가까이 지냈어요. 김유신은 금관가야 출신으로 귀족들에게 차별을 받았어요. 김춘추 역시 그의 할아버지인 진지왕이 귀족들에게 쫓겨났기 때문에 귀족 사회에서 인정받지 못하는 왕족이었어요.

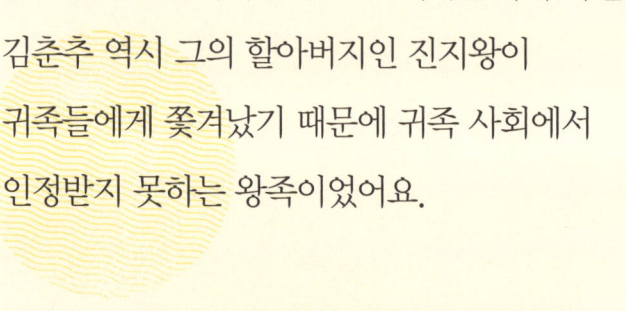

신라

김유신은 김춘추와 힘을 합하고 싶어서 한 가지 꾀를 냈어요.
김춘추의 옷을 일부러 밟아서 찢어지게 한 다음,
여동생 문희에게 그 옷을 꿰매 주라고 한 거예요.
김유신의 계획대로 김춘추와 문희는 그 일을 계기로
사랑하는 사이가 되어 결혼을 했어요.
김춘추는 선덕 여왕과 그녀의 사촌 동생인 진덕 여왕을 모셨어요.
진덕 여왕이 왕이 된 지 8년 만에 죽자, 김춘추가 왕위에 올랐어요.
그가 바로 태종 무열왕이에요.

★**태종 무열왕** 신라 최초의 진골 출신
왕인 김춘추예요.

둘이 잘 어울리는군.

가야 사람 김유신

김춘추 옆에는 항상 김유신이 있었어요. 김유신은 가야의 왕족인 김서현과 신라 왕족인 만명 사이에서 태어났어요. 가야가 신라에 항복했을 때 가야의 왕족들은 신라의 진골 귀족이 되었어요. 하지만 신라 귀족들로부터 늘 차별을 받으며 살았어요. 김유신의 아버지인 김서현은 신라의 왕족인 만명과 결혼해서 그 차별을 극복하려고 했어요. 하지만 신라 왕족들의 반대가 심했기 때문에 멀리 도망가서 결혼을 했고, 그곳에서 김유신을 낳았어요.

우리 유신이 등 좀 보세요! 신기한 점이 있어요.

신라

김유신은 태어날 때부터 등에 북두칠성 모양의 점이 있었어요.
사람들은 그가 장차 큰 인물이 될 거라고 말했어요.
열다섯 살에 화랑이 된 김유신은 전쟁터에 나가면 몸을 아끼지 않고 싸워
부하들의 존경을 한 몸에 받았어요. 수련을 하던 중에 별 두 개가
김유신의 칼에 내려앉았다는 이야기가 전해질 정도로 그는 칼 솜씨가
뛰어난 장수였지요. 그는 고구려와 백제를 무너뜨리며
삼국 통일에 큰 공을 세웠어요.

신라가 삼국을 통일했어요!

당나라와 손을 잡았어요

신라에게 한강 유역을 빼앗겼던 백제가 의자왕 때 군사를 이끌고 신라에 쳐들어왔어요. 신라는 40개의 성과 신라로 들어가는 길목에 있던 대야성을 모두 빼앗기고 말았지요. 마음이 다급해진 신라는 김춘추를 고구려에 보내 도움을 청했어요. 하지만 고구려는 김춘추를 감옥에 가둬 버리더니, 한강 주변의 땅을 내놓으라며 신라를 협박했어요.

신라

고구려에 잡힌 김춘추가 꾀를 내서 말했어요. "나를 풀어 주면 왕에게 말해서 한강 주변 땅을 돌려주겠소." 겨우 풀려난 김춘추가 이번에는 당나라에 도움을 청했어요. 고구려와 여러 차례 전쟁을 해 본 당나라는 신라와 힘을 합치는 게 유리하다고 생각했어요.
결국 신라와 당나라가 손을 잡게 되었어요.

고구려

나를 풀어 주면 한강 주변 땅을 돌려주겠소….

백제를 무너뜨렸어요

힘을 합친 신라와 당나라는 먼저 백제를 공격했어요. 신라의 김유신 장군이 이끄는 5만 명의 군사와 당나라 장수 소정방이 이끄는 13만 명의 군사가 백제의 도읍지인 사비로 쳐들어갔어요. 그 무렵 백제에서는 의자왕이 나랏일을 제대로 돌보지 않고 귀족들도 싸움만 했어요. 혼란스러웠던 백제는 신라와 당나라의 공격에 속수무책으로 당하고 말았지요. 660년, 마침내 신라는 백제의 사비성을 빼앗고 백제를 무너뜨렸어요.

관창의 용기에 힘을 얻었어요

황산벌에서 벌어진 전쟁에서 신라는 죽기 살기로 달려드는 백제를 당해 낼 방법을 찾지 못했어요. 때마침 신라의 어린 화랑인 관창이 혼자서 말을 타고 백제를 향해 돌진하다가 붙잡혔어요. 그런데 백제의 계백 장군이 어린 소년의 용기에 감동하여 그를 살려 주었어요.

두 번은 용서할 수 없다!

하지만 얼마 후 관창이 또다시 백제를 공격하자 계백 장군도 두 번은 용서하지 않았어요.
"관창의 목을 베어 말에 매달아 신라에 보내라."
신라군들은 시체로 돌아온 관창의 용기에 힘을 얻고 큰 승리를 거두었어요.

고구려를 무너뜨렸어요

백제를 멸망시킨 신라와 당나라가
이번에는 고구려를 공격했어요.
당시 고구려의 귀족들은 서로 권력을
차지하려고 싸우고 있었어요.
그래서 신라와 당나라 군대의
공격을 막지 못했어요. 고구려의
귀족들 중에는 항복을 하고
당나라로 가 버리는
사람들도 있었어요.
668년, 신라와 당나라는
고구려의 도읍지인 평양성을
빼앗고, 고구려를
무너뜨렸어요.

이제 고구려 차례다!

신라

한반도를 집어삼키려는 당나라

백제와 고구려를 멸망시킨 당나라는 한반도를 모두 차지하기 위해 백제와 신라, 고구려 땅에 지배 기관을 두었어요. 또한 고구려를 멸망시킨 뒤에 대동강 남쪽의 땅을 신라에 주기로 한 김춘추와의 약속도 지키지 않았어요. 당나라는 한반도를 통째로 집어삼킬 속셈이었던 거예요. 신라는 당나라에게 계속해서 물러가라고 요구했지만, 당나라는 들은 척도 하지 않았어요.
자, 신라는 어떻게 했을까요?

당나라를 몰아내고 이룬 삼국 통일

신라의 문무왕은 당나라의 속셈을 눈치채고 그들을 몰아내기 위해 전쟁을 준비했어요. 신라는 전쟁 준비를 마치자마자 당나라를 공격했어요. 당나라도 기다렸다는 듯 수십만 군대를 이끌고 신라에 쳐들어왔어요. 신라는 적은 수의 군대로 당나라 군대를 막기 위해 최선을 다했어요. 전쟁은 7년 동안 계속되었어요.

신라

당나라 군대는 전쟁이 계속되자 점점 지쳐 갔어요. 당나라는 그 무렵에 다른 민족의 침략을 받고 있어서 하루도 편할 날이 없었어요. 하지만 신라를 쉽게 포기하지 않았지요. 그러나 결국 신라의 승리로 끝이 났어요. 신라는 676년에 대동강의 남쪽 땅을 차지하고 드디어 삼국 통일을 이루었어요.

힘을 내라! 삼국 통일이 눈앞에 왔다!

우리 민족 최초의 통일

고구려, 백제, 신라는 서로 경쟁하고 교류하면서 한반도를 함께 지켜 나갔습니다. 하지만 잦은 전쟁과 외부 세력의 침략으로 힘든 상황에 놓이게 되었어요.
그때 신라가 고조선이 멸망한 후 여러 나라로 갈라져 있던 우리 민족을 하나로 통일했습니다. 이것이 바로 우리 민족 최초의 통일이에요.

신라의 삼국 통일은 고구려, 백제, 신라의 문화가 하나로 합쳐져 우리 민족 문화가 발전할 수 있는 디딤돌이 되어 주었어요. 또한 당나라라는 외부 세력을 몰아내고 이룬 의미 있는 통일이기도 합니다. 특히 당나라를 몰아내는 과정에서 고구려, 백제, 신라 백성들이 힘을 모았기 때문에 외부 세력으로부터 한반도를 지켜낼 수 있었지요. 하지만 고구려가 차지하고 있던 대부분의 땅을 당나라에게 내준 것이나, 백제와 고구려를 멸망시키는 과정에서 당나라를 끌어들인 것은 매우 안타까운 일입니다.

당나라와 손잡은 것은 어쩔 수 없는 일이었어요.

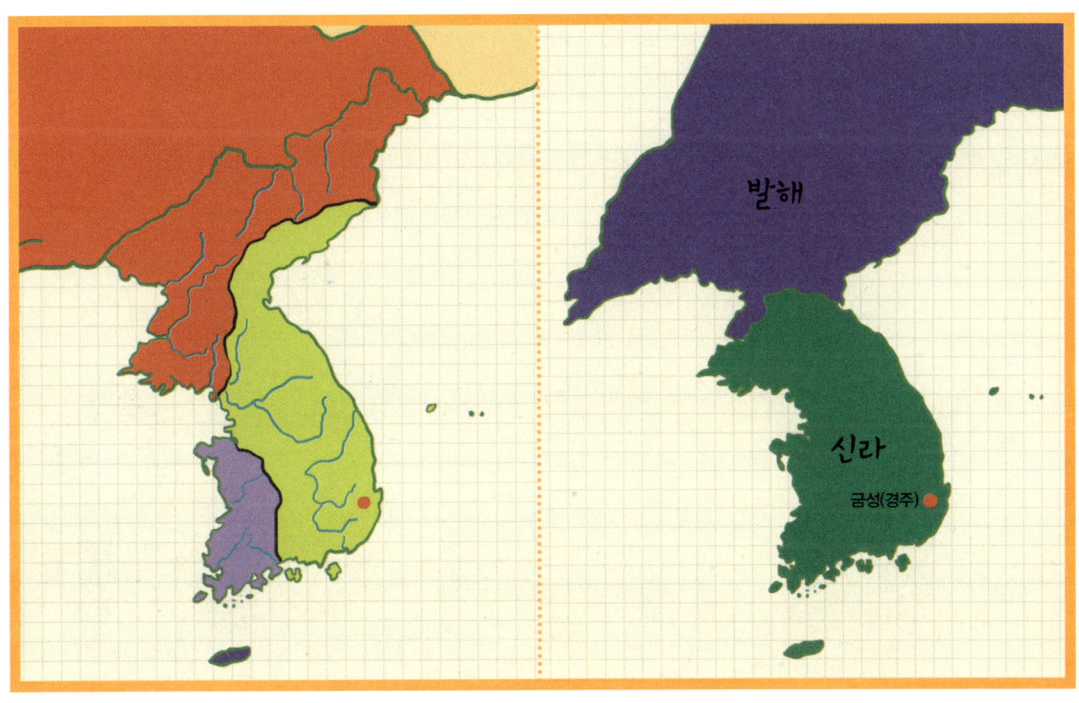

▲통일 전의 모습 ▲통일 후의 모습

간혹 신라가 아닌 고구려가 통일했다면, 우리나라가 훨씬 더 넓은 땅을 차지할 수 있었을 거라고 말하는 사람들도 있습니다. 하지만 그 일이 역사 속에서 가능했을지는 아무도 모르는 일이지요.
그리고 만약 신라가 삼국을 통일하지 않았다면 호시탐탐 한반도를 노리던 당나라가 한반도를 집어삼켰을지도 모릅니다.
또한 고구려, 백제, 신라의 힘을 하나로 합해 우리 민족의 힘을 키운 것은 역사적으로 큰 의미가 있다고 할 수 있습니다.

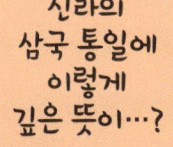

신라의 삼국 통일에 이렇게 깊은 뜻이…?

역사 놀이터

다음은 신라 사람들이 살아 온 모습입니다. 눈을 크게 뜨고 신라의 모습과 관련이 없는 그림을 찾아보세요.

가야는 경상도 지방의 낙동강 유역에서 힘을 키우던 작은 나라예요.
열 개가 넘는 나라들이 각자 독립적으로 나라를 다스리고 있었지요.
가야는 질 좋은 철을 여러 나라에 수출한 철의 왕국이에요.
특히 철로 만든 여러 가지 농기구나 무기들은 참으로 훌륭했어요.
하지만 신라와 백제 틈에서 힘든 일을 많이 겪었어요.
가야는 과연 이 두 나라의 틈에서 어떻게 살아남았을까요?
자, 지금부터 타임머신을 타고 가야로 떠나 봅시다.

김수로는 가야의 첫 번째 왕

알에서 나온 김수로

낙동강 주변의 가야 지역에서는 왕 대신에 아홉 명의 촌장들이 각각 자신들의 부족을 다스리고 있었어요.
하루는 아홉 촌장과 마을 사람들이 거북의 머리 모양을 닮은 구지봉에 모여 제사를 지냈어요. 그때 하늘에서 이상한 소리가 들려왔어요.
"하느님이 내게 너희 임금이 되라고 하셨다. 흙을 파고 노래를 부르며 나를 맞이하라." 그 말을 들은 촌장과 마을 사람들이
"거북아, 거북아, 머리를 내놓아라. 내놓지 않으면 구워 먹을 테다."
하고 노래를 부르며 춤을 추었어요.

아이고, 갑갑해….

가야

얼마 뒤에 하늘에서 자주색 줄에 매달린 황금 상자가 내려왔어요.
상자 안에는 여섯 개의 황금알이 들어 있었고,
다음 날, 각 알에서 사내아이가 한 명씩 태어났어요.
촌장들은 첫 번째로 나온 아이에게 '수로'라는 이름을 지어 주었어요.
수로는 태어난 지 열흘 만에 늠름한 청년이 되어 금관가야의 왕이
되었어요. 나머지 아이들도 각각 다섯 가야의 왕이 되었어요.

내 이름은 김수로야.
크면 가야의 왕이
될 거야.

인도에서 온 가야의 왕비

수로왕이 나이가 들어도 결혼을 하지 않자, 신하들은 걱정이 태산 같았어요. 그러자 수로왕이 말했어요.
"하늘이 정해 준 왕비가 멀리서 올 것이다."
어느 날, 붉은 돛을 단 배가 김해 앞바다에 나타났어요. 그 배에는 인도의 공주인 허황옥이 타고 있었어요. 수로왕은 허황옥을 가야의 왕비로 맞아들였어요.

가야

나쁜 것을 떠나보내는 계욕제

따뜻한 봄날, 가야 사람들은 개울에 나가서 목욕을 했어요.
이것을 '계욕'이라고 해요. 겨우내 묵은 때를 벗기고 나쁜 것들을 떠나보내는
의식이에요. 목욕이 끝나면 제사를 지내고 술을 마시면서 즐겁게 놀았어요.
술을 마시는 것은 새로운 생명의 기운을 북돋아 준다는 의미를 담고
있어요.

금관가야는 가야의 중심

가야는 낙동강 주변에 자리 잡고 있던 금관가야와 그밖의 여러 나라들을 가리키는 말이에요. 가야의 여러 나라들은 서로 힘이 비슷해 한 나라로 통일되지 못했어요. 그래서 각각의 지역을 독립적으로 다스리며 힘을 모았어요. 처음에는 가장 발전한 금관가야가 중심이 되어 가야를 이끌어 갔어요.

가야

금관가야는 낙동강 아래쪽에 있는 김해 지역에 터를 잡았어요.
그곳은 육지와 남해 바다가 만나는 교통의 중심지였어요.
낙동강을 따라 육지로 쉽게 오갈 수 있고,
바다를 통해 중국이나 왜와 무역하기에도 좋았어요.

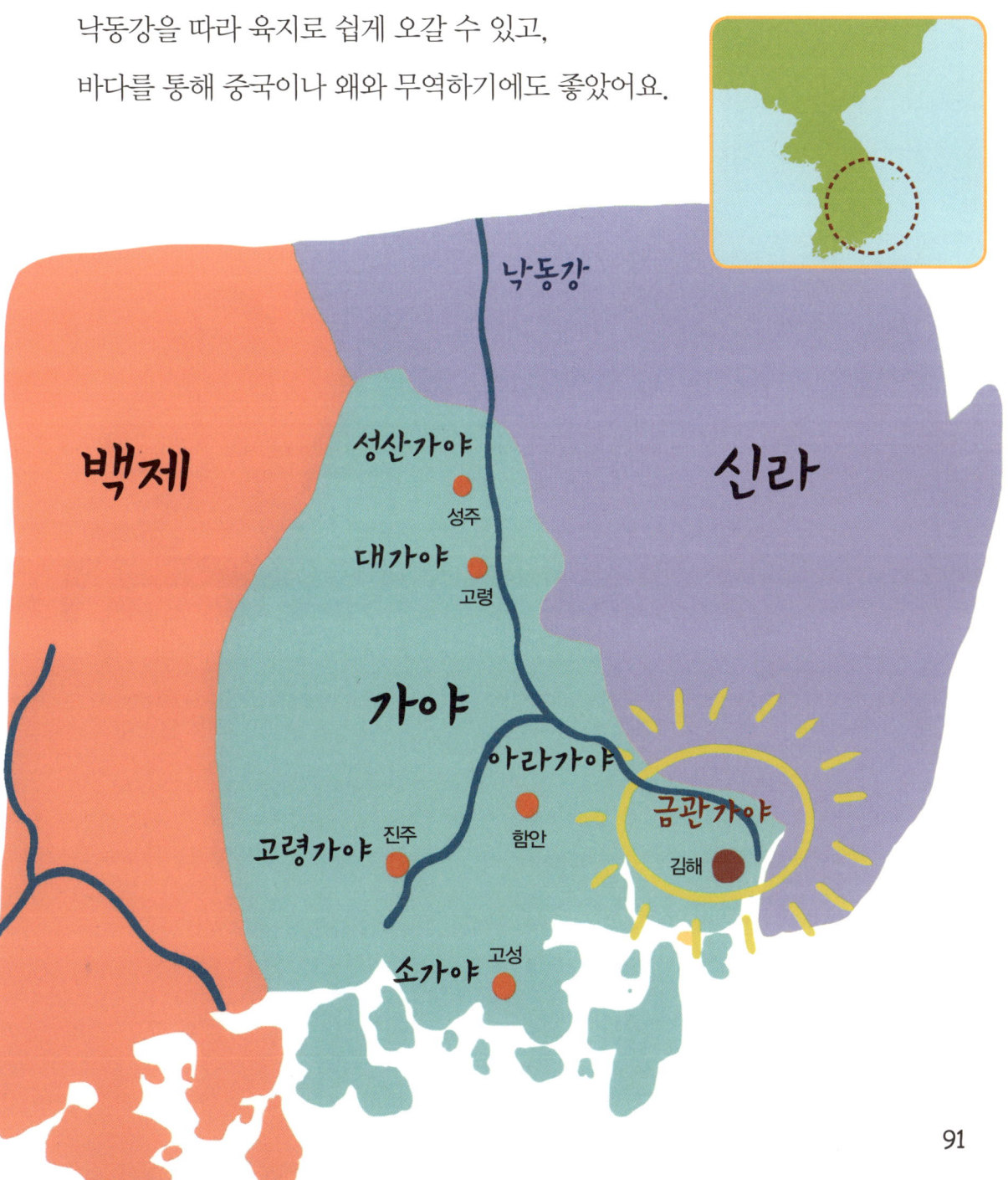

91

가야는 철의 나라예요

여러 나라에 철을 수출했어요

가야가 '철의 나라'라고 불리는 이유는 금관가야가 자리 잡고 있던 김해 지역에서 질 좋은 철이 많이 났기 때문이에요. 가야 사람들은 철로 단단한 칼이나 화살촉 같은 무기와 괭이나 낫 같은 농기구를 만들었어요. 철을 이용해 물건을 사고팔기도 했고요.

가야

멀리 중국이나 왜에 사는 사람들이 좋은 철을 구하기 위해
금관가야로 찾아왔어요. 무역의 중심지였던 금관가야는 바닷길을 이용해
여러 나라로 철을 수출하게 되었어요.
또한 한반도에 자리 잡은 중국의 낙랑군과 대방군★으로부터 중국의 물건을
수입해서 왜와 낙동강 주변의 작은 나라에 되팔아 이익을 얻기도 했어요.
무역을 통해 부자가 된 금관가야는 가야의 여러 나라들을 이끌어갔어요.

★**낙랑군과 대방군** 중국의 한나라가 고조선을 무너뜨리고 그곳을 다스리기 위해 설치한 곳이에요.

93

철이 가야의 힘을 키워 주었어요

철은 단단해서 무기와 농기구를 만들기에 안성맞춤이었어요. 철로 만든 무기를 가진 가야 사람들은 청동 무기를 가진 다른 나라의 군사들과 상대가 되지 않을 만큼 강인했어요. 또한 철로 만든 농기구로 농사를 지으면 나무로 만든 농기구로 지었을 때보다 훨씬 더 많은 농산물을 거둬들일 수 있었어요.

가야

훗날에 가야가 있던 지역에서 갑옷, 투구, 무기 등 철로 만든 것들이 많이 발견되었어요. 철을 두드려 길쭉한 판자 모양으로 만든 덩이쇠는 철기를 만드는 재료로 쓰거나 돈처럼 사용되기도 했어요.
가야에서는 말에게도 철로 만든 갑옷을 입혔어요. 군사들이 그 말을 타고 몸에 갑옷을 무장하고 전쟁터에 나갔으니 무서울 게 없었지요.

서서히 힘을 잃은 금관가야

가야는 강인한 나라였어요

하루는 신라의 석탈해가 가야 수로왕의 자리를 빼앗으러 왔어요. 수로왕이 말했어요. "나는 하늘의 뜻에 따라 왕이 되었다. 너에게 넘겨줄 수 없다." 그러자 석탈해가 재주를 겨뤄 보자며 매로 변신했어요. 그것을 본 수로왕이 독수리로 변신했어요. 석탈해가 다시 참새로 변하자, 매로 변한 수로왕이 석탈해를 위협했어요. 그러자 깜짝 놀란 석탈해가 신라 땅으로 도망을 쳤대요.

이 이야기는 비록 지어낸 것이지만, 가야가 신라보다 힘이 셌다는 것을 간접적으로 보여 주고 있어요.

이렇듯 가야가 신라와 맞설 정도로 강인한 나라였던 것은 좋은 철이 많이 나고 철을 다루는 기술이 뛰어났기 때문이랍니다.

신라의 눈치를 보며 살았어요

금관가야가 무역의 중심지 역할을 하자, 해안가 포구에 있는 여러 나라들이 힘을 합해 금관가야를 공격했어요. 금관가야는 그들의 공격을 막아 내지 못해서 급기야 신라에게 도움을 요청했어요. 금관가야는 신라의 도움으로 그들을 겨우 물리쳤어요. 하지만 신라에 인질을 보내고 그들의 눈치를 보며 살아야 했어요.

★**인질** 무언가를 약속할 때 약속을 지킬 때까지 잡아 두는 사람을 말해요.

고구려의 공격을 받았어요

고구려가 북쪽 지방으로 영토를 넓히고 계속 힘을 키워 나갈 때였어요.
백제는 그런 고구려의 공격을 받게 될까 봐 두려운 마음에
가야와 바다 건너 왜에 도움을 청했어요.
고구려의 공격을 혼자 막아 낼 자신이 없었기 때문이에요.
한편 신라는 백제, 가야, 왜가 힘을 합하자 무척 불안했어요.
그래서 고구려와 힘을 합하기로 했어요.

고구려

그럼 고구려 신하 되기! 약속!

가야는 신라가 자꾸만 자신들의 땅을 넘보자 어떻게 해야 할지 고민이 되었어요. 백제가 그런 가야에게 신라를 공격하라고 부추겼어요. 그러자 가야는 왜와 손을 잡고 신라를 침략하여 도읍지까지 공격했어요. 가야의 공격을 받은 신라는 고구려에게 신하의 나라가 되겠다고 약속하며 군사를 보내 달라고 요청했어요.

고구려의 광개토 대왕은 5만 명의 군사를 이끌고 신라에 가서 왜군을 몰아내고 가야를 공격했어요. 고구려의 공격을 받은 가야는 큰 피해를 입었고, 특히 가야의 중심인 금관가야가 힘을 잃었어요.

힘을 잃어 가고 있어요

고구려의 공격을 받은 낙랑군과 대방군이 멸망하자, 금관가야 역시 휘청거렸어요. 금관가야 사람들은 원래 낙랑군과 대방군에서 중국의 물건을 수입해서, 왜와 낙동강 주변의 작은 나라들에 되팔아서 먹고살았어요. 그런데 이제 그럴 수 없게 된 거예요!

금관가야는 고구려 광개토 대왕의 공격을 받고 더욱더 힘들어졌어요. 고구려군은 김해 지역 깊숙이 쳐들어왔고, 신라군도 덩달아 바닷가 근처의 땅을 빼앗아 갔어요.

금관가야는 결국 바닷길을 통해 철을 수출할 수 없게 되었어요. 큰 피해를 입은 금관가야는 그만 힘을 잃고 말았어요.

우리 금관가야가 힘을 잃었으니 큰일이네….

여러 가지 모양의 토기

가야의 옛 무덤에서 독특한 모양의 토기들이 발견되었어요.
받침대처럼 생기고 긴 다리가 달린 굽다리 접시와 오리 모양의 토기,
수레 모양의 토기, 배 모양의 토기 등이에요.
이 토기들은 제사를 지낼 때 사용했거나 죽은 사람과 함께
무덤 속에 넣어 주었던 것들이에요.
가야 사람들은 새, 수레, 배 들이 죽은 사람의 영혼을
저세상으로 데려다 준다고 믿었어요.

수레 모양 토기
굽다리 접시
오리 모양 토기
배 모양 토기

대가야의 시대가 왔어요!

새롭게 떠오른 대가야

가야는 고구려의 공격을 받은 뒤부터 무척 혼란스럽고 어지러운 상황이 계속되었어요. 하지만 얼마 지나지 않아 새로운 중심 세력이 등장하면서 다시 힘을 키웠어요. 그 중심 세력이 된 나라가 바로 고령 지방에 있던 '대가야'예요. 대가야는 금관가야와 달리 고구려의 공격을 거의 받지 않아서 피해가 적었기 때문에 중심 세력이 될 수 있었어요.

다시 힘을 키웠어요

대가야는 농사짓기에 땅이 기름지고 질 좋은 철도 많이 났어요. 그들은 철과 넉넉한 먹을거리로 차츰 힘을 키워 나갔어요. 얼마 후, 백제 땅이었던 섬진강 지역을 차지했고 다른 나라와 무역도 시작했어요.

가야

대가야는 백제, 왜, 중국과도 친하게 지내려고 노력했어요. 백제와 힘을 합해 신라에 쳐들어온 고구려를 막아 내기도 했지요. 이렇게 대가야가 백제, 신라와 힘을 합한 이유는 고구려, 신라, 백제와의 경쟁에서 살아남기 위해서였어요.

백제의 검은 속셈

백제는 고구려 장수왕의 공격을 받아 한강 유역을 잃고 난 뒤,
웅진으로 도읍지를 옮겼어요.
도읍지를 옮긴 뒤부터 백제는 다시 힘을 키워 나갔고,
대가야에게 빼앗긴 섬진강 지역을 되찾고 싶은 욕심이 생겼어요.
그래서 왜를 꾀어 자기편으로 만들고
대가야에게 빼앗겼던 섬진강 지역을 다시 차지했어요.

신라의 검은 속셈

백제에게 당한 대가야는 522년에 신라와 결혼 동맹을 맺었어요. 대가야의 왕과 신라의 왕녀★가 결혼해 왕자를 낳아 한가족이 된 거예요. 그 모든 것이 백제의 공격을 막기 위해서였지요. 하지만 그 동맹은 대가야를 안심시킨 뒤에 그들의 땅을 빼앗으려는 신라의 속셈이었어요. 얼마 뒤 신라는 동맹을 깨고 대가야를 공격했어요.

★**왕녀** 왕의 딸이에요.

금관가야가 신라에 항복했어요

고구려의 공격을 받아 큰 피해를 입어 힘을 잃었던 금관가야는 이제 신라와 백제의 틈바구니 속에서 더 이상 버틸 수 없었어요. 금관 가야는 결국 신라 장군 이사부가 이끄는 군대의 공격을 받고 532년에 무릎을 꿇고 말았어요.

가야 사람들은 어떻게 살았나요?

산 사람을 무덤에 묻었어요

대가야가 있었던 고령의 지산동에서 둥근 모양의 큰 흙무덤들이 발견되었어요. 그런데 가장 큰 무덤에 무려 20~30명의 사람들이 함께 묻혀 있었어요. 대체 무슨 일이 있었던 것일까요?
가야에서는 왕이나 귀족처럼 신분이 높은 사람들이 죽었을 때, 그들의 첩이나 신하, 종 들도 함께 묻었어요.

순장이 없어졌으면 좋겠어.

무덤에서 나온 가야 소녀

가야의 한 무덤에서 시녀로 보이는 소녀(약 16세)의 뼈가 발견되었어요.
153센티미터 정도의 키로 얼굴은 유난히 둥글넓적한 편이었어요.
그 지역 사람들은 아이가 태어나면 돌로 이마를 눌러 납작하게 만들었대요.
머리 모양은 결혼 전에는 한 갈래나 두 갈래로 묶어 늘어뜨렸고,
결혼을 한 뒤에는 주로 머리를 위로 틀어 올렸어요.

눈도 크고 코도 오똑한 게 예쁘게 생겼네!

가야 여인의 복원 사진

가야

나는 가야 스타일!

가야 사람들은 옷감을 잘 짰어요. 누에를 길러 실을 뽑아 비단옷을 만들어 입기도 했지요. 하지만 신분이 높은 사람들만 비단옷이나 고운 베로 지은 옷을 입었어요. 보통 사람들은 거친 베로 옷을 해 입었지요.
또 지배층은 가죽신을 신고, 보통 사람들은 짚신이나 나막신을 신었어요.
가야 사람들은 예쁜 옥이나 유리구슬로 만든 목걸이와 팔찌를 하는 등 외모에 신경을 많이 썼어요.

★ **짚신과 나막신** 짚신은 볏짚으로, 나막신은 나무로 만든 신발이에요.

어머! 그 팔찌 어디에서 샀어요?

역사 속으로 사라진 대가야

신라의 손에 멸망했어요

백제의 성왕이 "한강은 원래 우리 것이니 돌려 달라." 하고 주장하며 신라의 관산성을 공격했어요. 신라에게 시달리던 가야는 백제를 돕기 위해 군사 1만 명을 그곳으로 보냈어요.
하지만 이 전투에서 백제가 크게 패하고 가야의 군사들도 대부분 죽었어요. 전투에서 많은 군사들을 잃은 가야는 흔들리기 시작했지요.

가야

그로부터 8년 뒤인 562년, 대가야는 신라 진흥왕의 공격으로 멸망했고,
나머지 가야들도 신라에 흡수되었어요.
가야는 원래 잘살고 문화도 매우 발달한 나라였어요.
그런데 여러 가야들의 힘이 비슷하고 다른 나라를 정복할 만한
 힘을 가진 나라도 없었지요. 또 백제와 신라 사이에서 기를 펴지 못하고
  늘 시달렸어요. 결국 가야는 한 나라로 통일되지 못하고
   신라에 의해 역사 속으로 사라졌습니다.

신라로 간 가야 사람들

가야 사람들은 나라가 멸망한 뒤, 백제나 일본으로 가거나
신라의 노비가 되었어요. 신라에 항복해 버린 사람들도 있었어요.
신라는 항복한 사람들에게 농사를 지으며 살아갈 땅을 내주었어요.
특별히 금관가야의 왕족들에게는 진골 귀족의 신분까지 내려 주었지요.
하지만 가야 사람들이 경주에서 사는 것은 금지 사항이었어요.
그들은 충주 지역에서 따로 모여 살며 차별 대우를 받았어요.

가야

한편, 신라는 고구려와 백제에 맞서려면 가야의 도움이 절실히 필요했어요. 그래서 가야 사람들에게 좀 더 잘해 주기로 했지요. 신라에게 대우를 받은 가야 사람들은 그들에게 충성을 다했어요. 김무력 장군(금관가야의 마지막 왕의 셋째 아들)은 백제의 성왕을 죽이는 데 도움을 주기도 했어요.
삼국 통일에 큰 공을 세운 신라의 장군 김유신은 김무력의 손자로서, 가야 왕족의 후손이랍니다.

우륵과 가야금

가야금은 가실왕 때 중국 악기를 본떠서 만든 악기예요. 가야금의 열두 줄은 열두 달을 뜻해요. 우륵은 가야금으로 열두 곡의 음악을 만들었는데, 각 곡에 가야 지역의 이름을 따서 붙였어요. 우륵은 대가야가 망하기 전에 가야금을 메고 신라로 넘어가, 그곳에서 제자들에게 가야금을 가르쳐 주었어요.

가야금

삼국 시대 vs 사국 시대

고구려, 백제, 신라, 가야가 있던 시대를 '삼국 시대'라고 해요.
삼국 시대는 네 나라가 서로 경쟁하며 힘을 키워 가던 시대예요.
그런데 왜 '사국 시대'가 아니라 '삼국 시대'라고 부르는 걸까요?
그 이유는 가야가 다른 세 나라처럼 왕을 중심으로 세운 나라가 아니라,
여러 나라가 모여서 이루어진 나라이기 때문이에요. 가야의 여러 나라들은
힘을 하나로 모으지 못한 채 신라와 백제의 싸움터가 되었고,
결국 신라의 공격을 받아 멸망의 길을 걷게 되었어요.

비록 가야가 고구려, 백제, 신라처럼 왕 중심의 나라로 발전하지 못했지만,
가야의 문화는 신라와 왜에 영향을 줄 만큼 눈부신 발전을 이루었어요.
그래서 최근에는 삼국 시대를 '사국 시대'라고 해야 한다고 주장하는
사람도 있어요. 삼국 시대로 불리든 사국 시대로 불리든, 가야는 반드시
기억하고 관심을 가져야 하는 우리의 역사라는 점을 잊지 마세요!

통일 신라는 통일 이후 얼마간 평화로웠어요.
주변 나라들과 더 이상 싸울 필요가 없고 인구도 날로 늘어갔으며,
가을이면 넓은 들판에 무르익은 곡식들이 넘쳐 났지요.
불교의 발전으로 금성(경주)은 수많은 불교문화 유산들로
가득 차게 되었어요.
그런데 신라의 평화가 깨지기 시작했어요.
무슨 일이 있었던 것일까요?
자, 통일 신라의 화려했던 모습과 역사 속으로 사라지는
통일 신라를 만나러 가 볼까요?

통일 신라

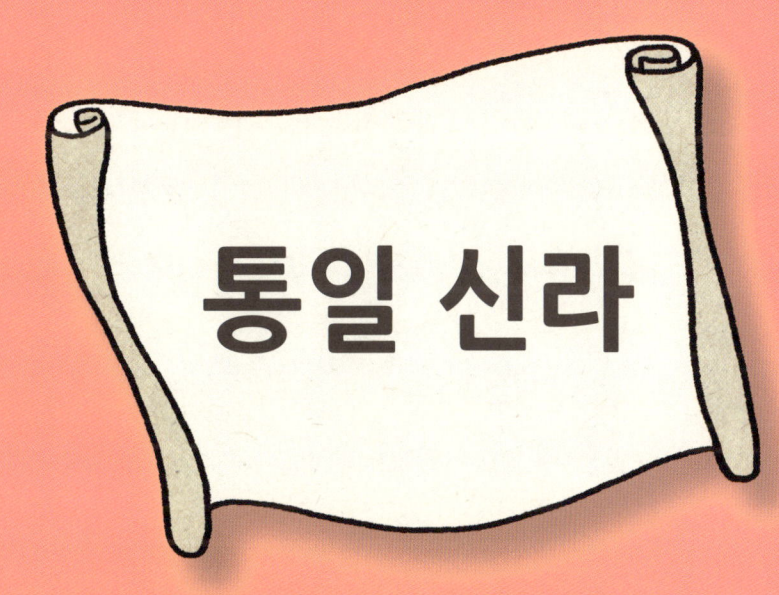

평화로운 통일 신라

바다의 용이 되어 신라를 지키겠다!

삼국 통일을 이룬 문무왕은 더 이상 고구려와 백제의 침입을 걱정할 필요가 없었어요. 그는 백성들이 평화롭게 잘사는 모습을 상상하며 흐뭇한 미소를 짓곤 했지요. 그런데 아직 해결하지 못한 큰 걱정거리가 하나 있었어요. 무엇이냐고요?

바로 바다 건너에 있는 나라, '왜'였어요.

▲대왕 바위

통일 신라

문무왕은 어떻게 해서든 왜의 침입을 막아야 한다고 생각했어요. 그는 죽기 전에 "내가 죽거든 동쪽 바닷가에 뿌려라. 용이 되어 신라를 지키겠다." 하고 말했어요. 신하들은 문무왕의 유언에 따라 그를 동해 감포 앞바다의 커다란 바위 아래에 모셨어요. 이 바위가 대왕 바위로 불리는 문무왕의 무덤이에요. 사람들은 바다의 용이 된 문무왕이 왜로부터 신라를 지켜 준다고 믿으며 살았어요.

신라가 몰라보게 달라졌어요

신라가 삼국을 통일한 이후, 세 나라의 싸움은 자연히 사라졌어요.
신라의 땅도 무척 넓어졌어요. 인구도 늘어나고 먹을거리도 풍부해졌지요.
도읍지인 금성에는 큰길이 생기고 기와로 지은 집들이 하나둘 늘어났어요.

통일 신라

지방 곳곳에 큰 절이 세워지고 물건을 사고파는 시장도 생겨났어요.
항구에는 장사를 하러 온 외국 상인들로 넘쳐 났지요.
이처럼 신라는 좀 더 나은 모습으로 성장해 갔어요.

귀족들이 안압지에서 잔치를 열었어요

신라는 통일 후 궁궐 안에 인공 연못을 만들었어요. 훗날 이 연못에 기러기와 오리가 날아드는 모습을 보고 안압지라는 이름을 붙였어요. 안압지는 귀한 손님을 대접하거나 나라에 좋은 일이 생겼을 때 잔치를 베풀던 곳이에요. 연못에 섬을 만들어 나무와 꽃도 심었고, 사슴과 노루를 뛰놀게 했어요. 연못의 크기가 무척 커서 바다처럼 보일 정도였지요.

안압지에서 나온 유물이에요.

금동 가위

주령구

통일 신라

안압지에서 발견된 유물들을 보면 신라 왕족들과 귀족들의 생활 모습을 짐작할 수 있어요. 그들은 문고리 하나도 금동으로 만들고 기와도 예쁜 연꽃무늬로 장식했어요. 또 초의 심지를 자르는 가위, 머리빗, 청동 숟가락 등도 사용했어요. 그곳에서 발견된 주령구(주사위)에는 술 석 잔을 한 번에 마시기, 얼굴 간지럽혀도 움직이지 않기 등의 벌칙이 적혀 있어요. 귀족들이 안압지에서 흥겹게 노는 모습을 상상해 보세요.

안압지

다섯 개의 작은 서울이 있어요

신라는 통일 후 전국을 아홉 개의 주로 나누고 다섯 개의 소경을 두었어요. 도읍지인 금성이 통일 신라의 도읍지 역할을 하기에 위치가 너무 한쪽으로 치우쳐 있었기 때문이에요. 또한 넓은 땅과 많은 사람들을 다스리기에 어려움도 많았어요. 다섯 개의 작은 서울들은 도읍지를 도와 각 지방의 중심지 역할을 하고, 지방의 권력자들을 감시하는 일도 했어요. 또한 그곳에 가야, 고구려, 백제의 귀족들을 살게 하여 그들을 신라 사람으로 만들기 위해 노력했어요.

★**소경** 중요한 지방에 특별히 둔 작은 서울이에요.

신라의 9주 5소경

귀족들이 더 잘살게 되었어요

귀족들은 통일 후에 더 넓은 땅을 차지하게 되었어요. 그들은 많은 노비들을 거느리며 그들에게 농사일을 시켰어요. 특히 김유신 장군은 무려 6천 명의 노비를 거느렸을 정도예요. 귀족들은 주로 화려하게 꾸민 큰 집에서 살았는데, 집 안에는 값비싼 물건들이 가득했어요. 당나라와 아라비아에서 수입한 비단, 양탄자, 보석, 유리그릇 들도 있었지요!

세상에 평화를 부르는 피리

문무왕의 아들인 신문왕 때의 일이에요.
동쪽 바다에 거북이 머리 모양의 작은 섬 하나가 나타났어요.
그 섬에 대나무 한 그루가 우뚝 서 있었어요.
그런데 그 대나무가 낮에는 둘이 되고, 밤에는 하나로 합쳐진다는 소문이 온 나라에 퍼졌어요. 그 소문을 들은 신문왕이 신하들과 그곳에 직접 가 보았어요.
그때 용이 나타나서 말했어요.
"이 대나무로 피리를 만들어 불면 세상이 평화로워질 것입니다."

통일 신라

용의 말대로 피리를 만들어 부니 적들이 물러갔어요.
가뭄이 들면 단비가 내리고 홍수가 나면 비가 그쳤으며, 사납게 일던 파도도 잔잔해졌지요. 어느새 신라 전체가 평화롭고 고요해졌어요.
이 피리의 이름은 '만파식적'이에요.

신라의 이모저모

마을 사정을 한눈에 알 수 있어요

신라에서는 마을 단위로 세금을 거두었어요. 특히 세금을 정확하게 걷기 위해 마을의 특징에 대해서 꼼꼼히 기록해 놓았지요. 남자 어른과 아이의 수, 여자 어른과 아이의 수, 논과 밭의 넓이, 뽕나무와 잣나무의 수, 가축의 수까지 자세히 적어 놓았어요. 그 기록 덕분에 마을의 상황이나 생활 모습을 한눈에 알 수 있었어요.

통일 신라

석빙고는 얼음 창고예요

신라 사람들은 무더운 여름을 어떻게 보냈을까요? 냉장고가 없으니 상한 음식을 먹고 배탈이 나서 고생을 했을까요? 그렇지 않아요. 신라에는 돌로 만든 얼음 창고인 '석빙고'가 있었어요. 겨울에 강이나 냇가에서 가져온 두꺼운 얼음을 그곳에 보관했다가 여름에 사용했지요. 그런데 석빙고의 얼음은 주로 왕과 귀족처럼 높은 신분의 사람들만 사용했어요. 일반 백성들은 꿈도 꿀 수 없는 귀중한 것이었지요. 안타깝게도 신라의 석빙고는 남아 있지 않아요. 지금 볼 수 있는 경주의 석빙고는 조선 시대 때 만들어진 거예요.

먹고 싶어? 그럼 귀족으로 다시 태어나렴!

석빙고

서역 사람들이 신라에 왔어요!

사마르칸트의 벽화에 있는 황금 보검과 똑같이 생긴 칼이 신라의 무덤에서 발견되었어요. 로마의 유리그릇과 비슷한 그릇도 발견되었고요. 어떻게 된 일일까요?
다른 먼 나라들의 물건이 신라에서 발견되다니……!
이것은 1500년 전에 서역*에 사는 사람들이 신라를 오가며 교류했다는 증거예요.

★서역 중국의 서쪽 지역을 말해요.

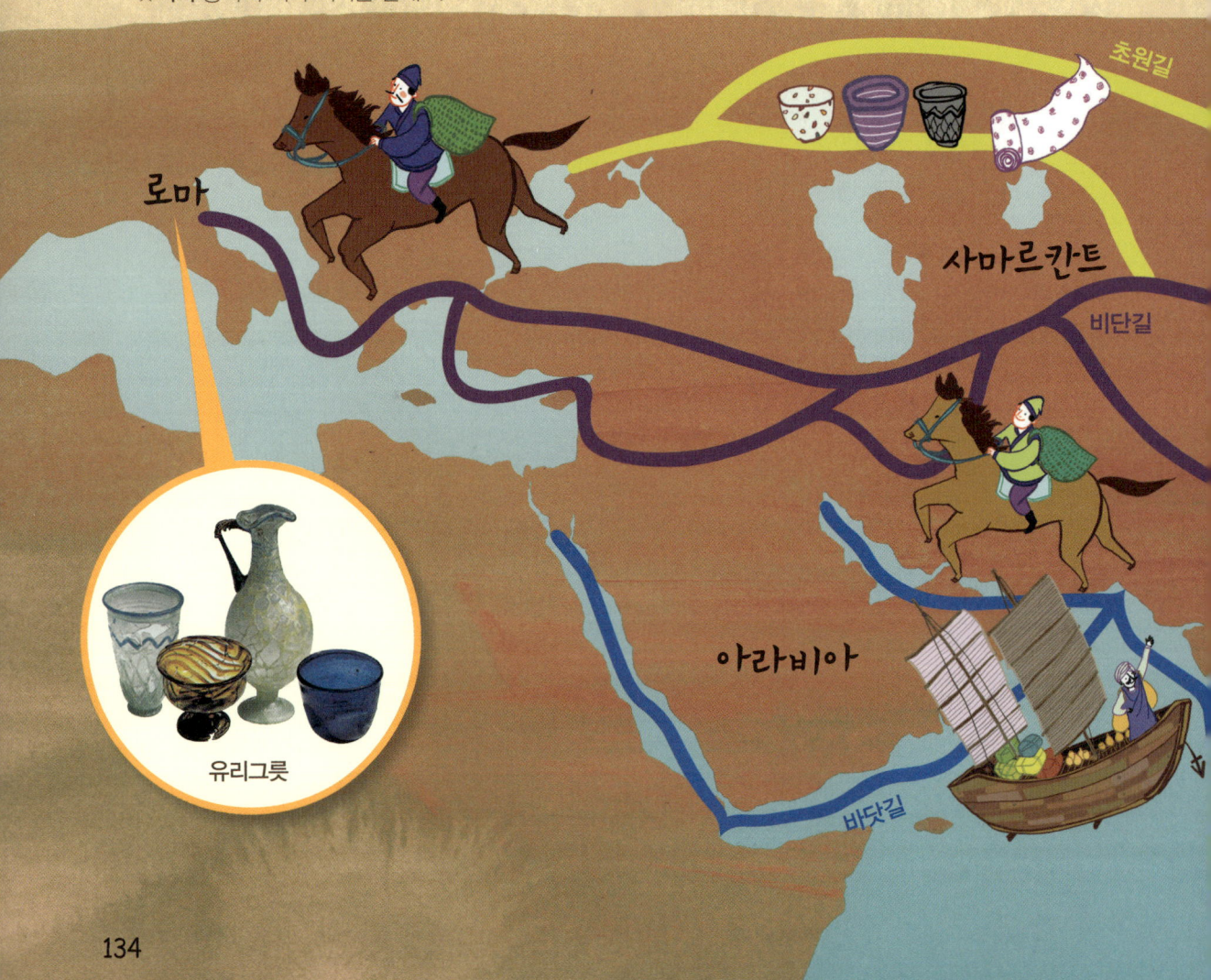

통일 신라

신라에서 배로 100일 넘게 가야 하는 아라비아의 상인들까지 신라에 왔다니 대단하지요? 그들은 경주 시장에서 신라 사람들에게 향수, 코끼리 뿔, 양탄자 등을 팔았어요. 경주는 정말 국제적인 도시였지요?
경주에 있는 괘릉이란 무덤 앞에는 중앙아시아나 아라비아 사람처럼 생긴 돌로 만든 조각상이 세워져 있어요. 이것 또한 신라가 서역의 여러 나라와 교류했다는 증거랍니다.

뿔 모양 잔

황금 장식 보검

찬란하게 꽃핀 불교문화

불교를 널리 퍼뜨린 원효 대사

처음에는 주로 왕족과 귀족들만 부처님을 믿었어요. 부처님의 말씀을 알기 위해서는 글을 읽을 줄 알아야 하는데 일반 백성들은 글자를 몰랐거든요. 승려 원효는 그런 백성들에게 부처님의 말씀을 전하고 싶었어요. 원효가 의상 대사와 불교를 공부하러 당나라로 가는 길에, 갑자기 비가 쏟아져서 동굴에서 하룻밤을 지냈어요. 원효는 잠결에 목이 말라서 바가지에 고여 있는 물을 마셨어요.

"물이 참 달고 맛있구나!"

이렇게 달고 맛있는 물은 처음이야!

통일 신라

다음 날 아침, 원효는 해골에 담긴 물을 보고 깜짝 놀랐어요. 어젯밤에 맛있게 마신 바로 그 물이었기 때문이에요. 원효는 놀란 마음을 추스르고 잠시 생각에 잠겼어요.

'모르고 마실 때는 시원하고 맛있더니 알고 나니 구역질이 나는구나. 그래, 모든 것은 마음먹기에 달려 있다.'
그 뒤로 그는 '누구나 깨달음을 얻을 수 있다'라는 부처님의 가르침을 세상 사람들에게 전해 주었어요.

인도를 여행하고 온 혜초

승려 혜초는 신라 최초로 인도에 다녀온 사람이에요. 어려서 승려가 된 혜초는 불교를 공부하러 중국 당나라로 갔어요. 그곳에서 인도의 승려인 금강지를 만나 공부하다가, 열아홉 살에 배를 타고 부처님이 태어난 인도에 가게 되었어요. 그는 4년 동안 인도와 주변의 여러 나라들을 여행하고 〈왕오천축국전〉이라는 책을 썼어요. 이 책에는 인도와 주변 나라의 종교, 풍속, 문화에 대한 여러 가지 정보가 담겨 있어요.

⟨왕오천축국전⟩ 중에서

1. 날씨가 더워서 풀이 잘 자란다.

2. △△나라의 왕은 900마리의 코끼리를 가지고 있다.

3. 죄를 지은 사람은 감옥에 가두거나 때리지 않고 벌금만 물게 한다.

4. 길에 도적이 많으나 물건만 빼앗고 사람을 해치지 않는다.

5. 쌀, 떡, 보릿가루, 소금을 먹는다. 장은 담가 먹지 않는다.

다시 태어난 김대성

김대성은 어머니와 단둘이 모량리에 살고 있었어요.
집안이 너무 가난해서 어머니가 남의 집에서 일을 하고,
조그마한 밭을 일구며 근근이 생활했지요.
하루는 한 승려가 대성이에게 말했어요.
"부처님께 하나를 드리면 너는 만 개를 얻을 것이다."
대성이는 어머니에게 허락을 받고 부처님께 밭을 바쳤어요.
그런데 얼마 후 대성이가 시름시름 앓다가 죽고 말았어요.

그날 밤 하늘에서 "모량리에 사는 김대성이 재상 김문량의 집에서 다시 태어날 것이다."라는 소리가 들려왔어요.
그로부터 열 달 후, 하늘에서 예언한 대로 김문량의 집에서 사내아이가 태어났어요.
그 아이는 꼭 쥐고 있던 주먹을 7일 만에 폈는데, 그 안에 '대성'이란 이름이 새겨져 있는 금패가 있었대요.

부처님의 나라, 불국사

훗날 신라의 재상★이 된 김대성은 현생★의 어머니를 위해
불국사를 지었어요. 김대성 혼자서 지었냐고요?
신라를 부처님의 나라로 만들고 싶었던 경덕왕과 함께
마음을 모아 지은 거예요.

★**재상** 임금을 돕고 관리들을 지휘하는 벼슬아치예요.
★**현생** 지금 살고 있는 세상에서의 생애를 말해요.

통일 신라

불국사

불국사는 '부처님의 나라'라는 뜻이에요. 불국사에는 청운교와 백운교라는 돌계단이 있어요. 돌계단 아래는 사람들의 세상이고, 돌계단으로 올라가 자하문을 지나면 부처님의 나라가 시작되지요. 불국사 안에는 여러 모습을 한 부처님이 모셔져 있어요. 앞마당에는 석가탑과 다보탑이 마주 보며 서 있답니다.

석굴암의 비밀

김대성은 전생*의 어머니를 위해 석굴암을 지었어요.
석굴암은 동해 바다가 한눈에 내려다보이는 경주의 토함산에 있어요.
석굴암은 자연이 만들어 낸 석굴이 아니에요. 사람의 손으로 다듬어서
쌓아 올린 인조 석굴이지요. 그리고 그 안에 깨달음을 얻은 부처님의
모습을 불상으로 만들어 모셔 놓았어요. 석굴암은 습기 때문에
생기는 이끼를 막기 위해 바닥 아래쪽으로 샘이 흐르도록 설계한
과학적인 건축물이에요.

★**전생** 이 세상에 태어나기 전의 생애를 말해요.

그림자가 비치지 않는 탑

석공 아사달이 탑을 짓기 위해 부인 아사녀와 헤어져 경주로 떠났어요. 그런데 여러 해가 지나도록 아사달에게서 연락이 없었어요. 아사녀는 남편이 걱정되어 경주로 찾아갔어요. 하지만 탑이 완성될 때까지는 아무도 만날 수 없다는 말을 듣고 발길을 돌려야 했지요. 하지만 아사녀는 아사달을 한 번만이라도 보고 싶은 마음에 며칠 동안 절 주변을 서성댔어요.

그 모습을 지켜보던 한 승려가 아사녀에게 말했어요.
"저기 연못이 하나 있네. 아사달이 탑을 다 만들면 그 연못에 탑이 비칠 것이니 그곳에 가서 기다리게."

아사녀는 '영지'라는 연못에서 아사달을 기다렸어요. 하지만 며칠이 지나도 그림자가 비치지 않자, 아사녀는 마음의 병을 얻어 연못으로 뛰어들었어요. 석가탑을 완성한 아사달은 아사녀의 얘기를 전해 듣고 슬픔에 빠져 연못 주위를 떠나지 못했어요.
그때 앞산 바위에 아사녀의 얼굴이 보이기 시작했어요. 아사달은 바위에 아사녀의 얼굴을 새겨 넣었어요. 그런데 나중에 보니 그 얼굴이 부처님의 얼굴이었대요.

후대 사람들은 석가탑을 그림자가 비치지 않는 탑이라는 뜻으로 '무영탑'이라고 불렀어요.

석가탑

성덕 대왕 신종의 아름다운 소리

경덕왕이 봉덕사의 승려들에게 말했어요.

"돌아가신 성덕 대왕을 위해 아름다운 소리가 나는 종을 만들어 주세요."

그런데 완성된 종을 쳐 보니 뭔가 깨지는 소리가 났어요.

어느 날, 봉덕사 큰스님의 꿈속에 부처님이 나타나서 말했어요.

"아이를 넣어 종을 만들어야 원하는 소리를 얻을 수 있다."

큰스님은 문득 '부처님께 바칠 게 없으니 아이라도 바치겠다'던 여인의 말이 생각나서 마을로 내려가 보았어요. 목탁 소리를 듣고 나온 여인이 큰스님의 말을 듣고 눈물을 흘리며 말했어요.

"스님의 뜻은 알겠으나, 어떻게 자식을……."

하지만 여인은 결국 아이를 내놓았어요. 아이를 넣고 다시 만들어진 종은 맑고 깨끗한 소리를 냈어요. 이 종이 바로 성덕 대왕 신종이에요.

그런데 종소리를 가만히 들어 보니 아이가 어머니를 찾으며

"에밀레, 에밀레." 하고 우는 소리처럼 들렸어요. 그래서 이 종을 에밀레종이라고 불렀대요.

하지만 종을 만들 때 아이를 넣었다는 이야기는 사실이 아닌 것 같아요. 다만 이 이야기를 통해 당시 백성들의 고통이 얼마나 컸는지 짐작할 수 있어요. 부처님께 바칠 것이 없어서 아이까지 내놓아야 했으니 말이에요.

성덕 대왕 신종

신라의 활발한 무역 활동

당나라에 있는 신라 마을

신라는 한강을 차지한 뒤에 당나라와 활발한 무역을 하게 되었어요. 그러면서 신라 사람들 중에 당나라로 가는 사람들도 생겨났지요. 당나라로 간 신라 사람들은 해안가 주변에 모여 무역을 하며 살았는데, 그곳을 '신라방'이라고 해요. 신라방에는 신라 사람들만 다스리는 관청이 따로 있었어요.

바다의 왕, 장보고

장보고는 어려서부터 활을 잘 쏴서 '궁복'이라고 불렸어요. 그는 평민 출신이라는 이유로 신라에서 벼슬을 할 수 없자, 당나라로 건너가서 공을 세우고 무령군 소장이 되었어요. 그러던 어느 날, 해적들이 신라 사람들을 괴롭히는 것을 보고 다시 신라로 돌아왔어요. 이후 장보고는 군사 시설을 갖춘 청해진을 설치하여 해적을 물리치고 신라의 바다를 지켰어요.

귀족 김헌창이 반란을 일으켰어요

진덕 여왕 이후 약 130년 동안, 진골 귀족인 태종 무열왕의 후손들만 왕이 되었어요. 이에 불만을 품은 김지정이 혜공왕 때 반란을 일으켰어요. 하지만 김지정은 반란을 일으키다가 김양상과 김경신의 손에 죽임을 당했고, 반란은 곧 진압되었지요. 그 뒤, 김양상이 왕이 되었는데 그가 바로 선덕왕이에요.

통일 신라

선덕왕이 아들이 없이 죽자, 태종 무열왕의 후손인 김주원과 내물왕의 후손인 김경신이 왕의 자리를 놓고 다투었어요. 결국 김경신이 김주원을 몰아내고 원성왕이 되었지요. 김주원의 아들 김헌창은 아버지가 왕이 되지 못하고 신라가 힘을 잃어 가자, 웅주(공주)에서 새로운 나라를 세우기 위해 반란을 일으켰어요. 하지만 신라군의 공격으로 그 뜻을 이루지 못했어요.

웅주에 새 나라를 세우려고 했는데 이렇게 당하다니….

김헌창

신라의 문제점을 지적한 최치원

최치원은 어려서부터 굉장히 똑똑했어요. 하지만 신라에서는 제아무리 똑똑해도 신분에 따라 오를 수 있는 벼슬이 정해져 있었어요. 진골 귀족만 제일 높은 벼슬자리에 오를 수 있었지요. 6두품 출신이었던 최치원은 열두 살 때 당나라로 유학을 가서, 6년 만에 당나라의 과거 시험에 합격했어요. 그리고 그곳에서 벼슬을 지냈지요.

21세기 유학생

통일 신라 시대 유학생

통일 신라

하지만 최치원은 늘 신라로 돌아가고 싶었어요. 하루빨리 신라로 돌아가 왕위 다툼으로 혼란스러워진 나라를 바로잡아야 한다고 생각했지요.
신라로 돌아온 그는 개혁안인 시무책 십여 조를 왕에게 올렸어요.
하지만 그의 생각은 진골 귀족들의 반대로 받아들여지지 않았어요.
그 후 최치원은 벼슬을 버리고 떠돌아다니며 살았어요.

최치원이 이상한 말을 하고 다닌다고 합니다.

천년의 역사를 이어 온 신라의 멸망

왕위 다툼이 벌어졌어요

신라는 통일 후 평화와 안정을 누리며 발전했어요. 그러나 780년 무렵부터
시작된 왕위 다툼으로 서서히 그 힘을 잃어버렸어요.
진골 귀족들이 서로 왕위를 차지하려고 하여 싸움이 끊이지 않았어요.
150년 동안 스무 번이나 왕이 바뀌었지만,
왕이 된 사람들은 정작 나랏일에 관심이 없었어요.
귀족들도 재산과 땅을 불리며 자신의 욕심을 채우기에 바빴어요.

통일 신라

진성 여왕이 왕위에 오른 890년 무렵에는 흉년까지 겹쳐 백성들의 삶이 더욱 힘들어졌어요. 세금을 내지 못한 농민들은 집을 버리고 떠돌아다니며 살았을 정도예요. 심지어 도둑질을 하는 사람들도 있었지요.
하지만 나라에서는 가난하게 사는 백성들을 모른 척하고 세금만 더 받아 내려고 했어요. 참다못한 농민들이 불만을 터뜨렸어요.

힘을 잃은 신라, 일어서는 호족

왕의 권력은 이미 땅으로 떨어졌고 지방을 다스릴 힘조차 남아 있지 않았어요. 그 틈에 지방에서는 새로운 세력이 힘을 키우고 있었어요. 그들이 바로 호족이에요. 호족은 각 지방에서 군대를 거느리며 재산을 모아 힘을 키워 나갔어요. 가장 대표적인 사람이 견훤과 궁예예요. 그들은 자신들을 따르는 무리를 모아 각자 새로운 나라를 세웠어요. 견훤은 900년에 후백제를, 궁예는 901년에 후고구려를 세웠어요.

통일 신라

이제 후고구려, 후백제, 신라 세 나라가 서로 경쟁하는 후삼국 시대가 시작되었어요. 후고구려와 후백제는 땅을 넓히며 성장했고, 그럴수록 신라의 땅은 점점 줄어들었어요. 어느덧 신라는 경상도 지역만 다스리는 작은 나라가 되었어요. 927년 후백제는 신라에 침입해 경애왕(신라 55대 왕)이 스스로 목숨을 끊도록 했어요. 신라는 다시 일어설 힘조차 잃고 말았어요.

궁예가 세운 **후고구려!**

신라의 최후

후고구려의 궁예는 전쟁을 치르고 큰 궁궐을 짓느라 세금을 끊임없이 거둬들였어요. 죄 없는 사람들을 마구 잡아 벌을 내리거나 죽이기도 했지요. 백성들은 점점 궁예를 싫어하게 되었어요.
결국 왕건과 그의 신하들이 궁예를 몰아내고 918년에 새로운 나라 '고려'를 세웠어요. 고려는 신라와 사이가 좋은 편이어서 후백제의 침략을 받은 신라를 도와주었어요.

통일 신라

하지만 신라는 더 이상 버틸 힘이 없었어요. 935년, 경순왕은 고려에게
항복을 하고 말았어요. 이로써 천년을 이어 온 신라가 멸망했어요.
경순왕의 아들인 마의 태자는 신라가 고려에 항복하는 것을 반대했어요.
하지만 신라가 아무런 저항도 하지 않고 고려에 항복하자,
궁을 떠나 금강산으로 들어가 버렸어요.
마의 태자는 그곳에서 삼베로 지은 '마의'를 입고
풀을 캐 먹으며 살았대요.

어쩔 수 없이 고려에 항복해야 해.

역사 놀이터

이 종은 성덕 대왕 신종입니다. '에밀레, 에밀레' 하고 울려서 에밀레종이라고 부르지요. 맑고 고운 소리를 함께 상상하며 두 그림의 다른 점 5가지를 찾아 ○해 보세요.

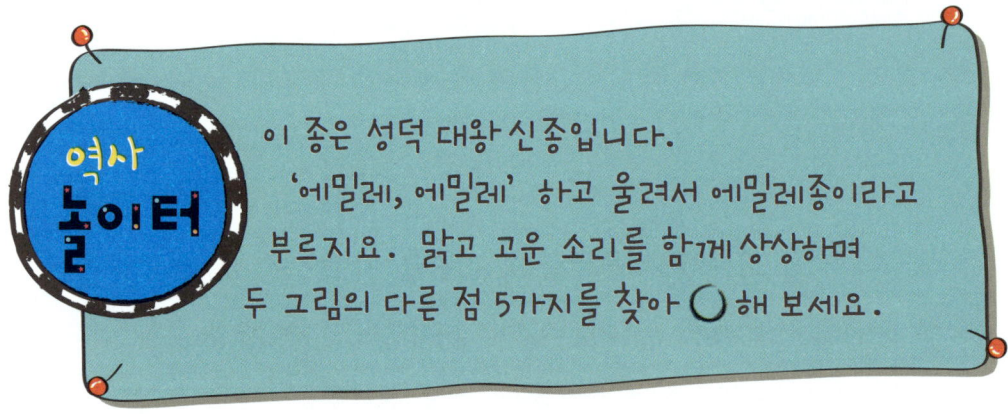

발해는 고구려가 멸망한 뒤에 고구려의 옛 땅에 세워진 나라예요.
고구려의 장군 대조영이 세운 나라이기 때문에
고구려와 비슷한 점이 무척 많아요.
발해는 바다 동쪽에 있는 발전된 나라라는 뜻의
'해동성국'이라고 불릴 정도로 뛰어난 나라였어요.
지금부터 발해가 어떻게 세워지고 발전해 나갔으며,
220여 년 만에 멸망한 이유도 함께 알아봅시다.

발해

발해는 어떻게 세워졌나요?

나라를 잃은 고구려 사람들

고구려가 멸망한 뒤에 고구려의 옛 땅인 대동강의 북쪽과 요동 지방은 당나라의 지배를 받았어요. 이에 맞서 고구려를 다시 세우려는 운동이 일어났지만, 왕족을 비롯해 많은 고구려 사람들이 당나라로 끌려갔어요. 신라나 왜로 건너간 사람도 있지만 대부분의 고구려 사람들은 고구려의 옛 땅에 남았어요.

대조영이 진국을 세웠어요

당나라는 고구려 사람들을 강제로 영주 지방에서 살도록 했어요. 영주 주변은 말갈족과 거란족이 살았던 곳이에요. 그러던 중 거란족 장수가 당나라를 상대로 반란을 일으켰어요. 그 틈을 타서 대조영과 말갈족 추장이 고구려와 말갈족 사람들을 이끌고 동쪽으로 도망쳤어요. 대조영은 그들과 함께 지린성의 동모산 기슭에서 698년 '진국'이란 나라를 세웠답니다.

▲동모산의 모습

남쪽에는 신라, 북쪽에는 발해

진국을 세운 대조영은 주변에 흩어져 살고 있는 고구려 사람들과 말갈족을 모두 모아서 세력을 넓혔고, 이후 발해는 고구려의 옛 땅을 대부분 차지했어요.
이로써 대동강 북쪽에는 발해, 남쪽에는 신라가 자리를 잡은 남북국 시대가 열렸어요.

발해

돌궐과도 친하게

나라의 이름을 발해로 고쳤어요

대조영은 땅을 넓히고 나라의 기틀을 세웠어요. 그는 당나라와 대립하던 돌궐과 손을 잡고 당나라의 침입에 대비했고, 신라에 사신을 보내서 그들과 사이좋게 지내려고 노력했어요. 이렇게 되자 당나라도 진국을 인정할 수밖에 없었어요. 이제 당나라와 진국도 사이좋게 지내기로 했어요. 그 뒤 대조영은 나라의 이름을 '발해'라고 고쳤어요.

발해의 왕들을 만나러 가요!

영토를 넓힌 무왕

대조영이 죽자 그의 아들인 대무예가 왕위에 올랐어요. 무왕이 된 대무예는 아버지의 뜻을 이어 영토를 넓히면서 발해를 강한 나라로 발전시켰어요. 발해가 발전하자 당나라가 흑수 말갈과 손을 잡고 발해를 견제했어요. 당나라는 신라에게도 발해를 공격해 보라고 부추겼어요.

발해

그러자 발해의 무왕이 왜에 사신을 보내 교류의 물꼬를 텄어요.
또한 거란과 손을 잡고 흑수 말갈을 공격한 뒤, 장문휴를 시켜 당나라를
공격하도록 했지요. 갑작스런 공격을 받아 큰 피해를 입은 당나라는 신라에
군대를 요청했어요. 곧 신라 군대가 발해 남쪽 지역을 공격하러 왔어요.
하지만 추운 날씨 때문에 제대로 전쟁을 하지 못했고,
그 일로 발해와 신라의 관계가 더욱 나빠졌어요.

★**흑수 말갈** 흑수 지역에 살았으며 말갈족 가운데 성격이 가장 거칠어요.

발해의 국력을 키운 문왕

발해는 고구려 사람들과 말갈족이 함께 세운 나라예요.
지배층 대부분이 고구려 사람들이고 백성들은 말갈족들이었지요.
발해 사람들은 스스로를 고구려의 계승자라고 생각했어요.
일본에 보내는 문서에도 '고구려의 옛 땅을 다시 찾고
부여의 풍습을 이어받았다'라고 적었을 정도예요. 또한 문왕은 자신을
발해의 왕이라고 하지 않고, '고구려의 왕'이라고 불렀어요.

고구려 기와   발해 기와

문왕은 발해를 튼튼한 나라로 만들고, 나라의 안정을 위해 노력했어요.
또한 주변 나라들과 평화롭게 지내며 드넓은 발해의 땅을 잘 다스렸지요.
어느덧 당나라도 발해의 힘을 인정하고 좋은 관계를 이어 갔어요.
당나라와 발해의 관계가 좋아지면서 신라도 당나라와 사이가 좋아졌어요.
문왕은 여러 가지 제도를 만들어 나라의 기틀을 더욱 튼튼히 했어요.

가장 넓은 땅을 차지한 선왕

발해는 문왕이 죽은 뒤부터 약 25년 동안 왕이 여러 번 바뀌면서 혼란스러운 상황이 계속되었어요. 818년에 왕위에 오른 선왕은 그런 발해를 어느 나라 못지않게 강력한 나라로 키우고 싶었어요. 선왕은 말갈족의 대부분을 정복하여 넓은 땅을 차지했어요. 당나라는 발해를 '바다 동쪽에 있는 발전된 나라'라는 뜻으로 '해동성국'이라고 불렀어요.

해동성국
=
바다 동쪽에 있는 발전된 나라

발해의 도읍지

동모산에서 상경까지

발해의 첫 번째 도읍지인 동모산 기슭은 지형이 험해서 적들로부터 안전했어요. 하지만 나라가 커지고 사람들이 많이 모이자 도읍지로서 너무 좁았어요. 그래서 발해는 도읍지를 여러 번 옮겼어요. 동모산에서 중경으로, 중경에서 상경으로, 또 상경에서 동경으로, 또다시 상경으로 옮겼어요.

동모산
발해의 첫 도읍지로서, 지금의 만주 지역이에요.

상경
발해의 마지막 도읍지로서, 160년 동안 서울의 역할을 했어요.

마지막 도읍지인 상경은 160년 동안 도읍지 역할을 했어요. 상경에 있는 상경성은 삼중으로 쌓은 길고 네모난 성이에요. 왕궁의 정문에서 시작되는 큰길을 중심으로 양 옆으로 백성들이 사는 집과 시장, 절 등을 짓고 그 둘레에 성을 쌓았어요. 지금까지 남아 있는 그 터는 발해의 웅장한 모습을 짐작하도록 해 줍니다.

발해의 길을 통해 여러 나라로!

발해는 상경을 중심으로 여러 방향으로 길을 냈어요. 넓은 영토를 잘 다스리려면 길이 필요했기 때문이에요. 그래서 5경을 이어 주는 길, 거란으로 가는 길, 신라로 가는 길, 일본으로 가는 길, 당나라로 가는 두 갈래의 길, 중앙아시아와 시베리아에 담비 가죽을 팔던 담비 길을 냈어요. 여러 나라의 사신들과 상인들이 그 길을 오가며 활발한 교류를 했어요.

★**일본** 600년대 후반부터 '왜'를 '일본'이라고 불렀어요.

발해의 문화를 알아보아요

춤추는 발해 사람들

발해 지역은 산이 많고 추운 곳이에요. 그래서 주로 밭농사를 지었고, 바다에서 고기를 잡거나 돼지나 말을 길러서 먹고살았어요. 발해의 말은 여러모로 우수해서 이웃 나라에 소문이 날 정도로 유명했지요.

발해 사람들은 말을 타고 활을 쏘며 사냥하기를 좋아했어요. 말을 타고 공을 치는 '격구'와 집단 무용인 '답추'라는 춤이 유행했어요.

★**답추** 노래와 춤을 잘하는 사람이 앞에 서고 사람들이 그 뒤를 따르며 노래하고 춤추는 집단 무용이에요.

여러 나라의 문화가 섞여 있어요

발해는 고구려, 말갈, 당나라의 영향을 받아 독특한 문화를 꽃피웠어요. 연꽃잎이 새겨진 막새기와는 고구려의 것과 비슷하고, 상경성, 세 가지 색깔의 그릇, 벽돌을 쌓아 만든 탑은 당나라의 것을 닮았어요. 또 몸이 홀쭉하고 입술이 두 겹인 그릇은 말갈족들이 쓰던 것과 비슷해요. 물론 건물의 기둥이 빗물에 썩지 않도록 기둥 밑을 도자기로 장식하고 무덤 위에 탑을 만드는 발해만의 문화도 살아 있었지요. 이 모든 문화가 섞여 발해만의 독특한 문화로 발전할 수 있었던 거예요.

발해 막새기와

불교가 발달했어요

왕실 사람들과 지배층들은 부처님을 믿고,
일반 백성들은 땅의 신, 하늘의 신, 물의 신 등 자연신을 숭배했어요.
발해의 도읍지였던 상경과 주변 지역에서는 불교와 관련된 것들이
많이 발견되었어요. 여러 곳의 절터뿐만 아니라, 불상, 탑, 석등도
나왔어요. 발해의 불교는 고구려의 영향을 받아 크게 발전했어요.

영광탑

삼국과 발해의 무덤

옛날 사람들의 무덤을 본 적이 있나요? 지금의 무덤과 다른 것도 있고, 비슷한 것도 있어요. 옛날 사람들은 죽은 뒤에도 살아 있을 때처럼 영혼이 살아가기를 바랐어요. 그래서 무덤을 집과 비슷하게 꾸몄고, 살아 있을 때 쓰던 물건도 함께 묻어 주었지요.
자, 삼국과 발해의 독특한 무덤을 살펴볼까요?

● **고구려의 무덤**

고구려는 돌을 계단식으로 쌓아 올린 무덤과 돌방을 만들고 그 안에 벽화를 그려 넣은 무덤을 만들었어요. 특히 무덤 안에 그려진 벽화를 통해 당시의 생활 모습, 옷차림, 놀이 등을 알 수 있어요.

◀ 장군총

● **백제의 무덤**

백제에서는 고구려와 비슷한 계단식 돌무덤을 만들다가, 돌방이 있는 무덤으로 바뀌었어요. 한때는 중국의 영향을 받아 벽돌로 방을 만든 무덤을 만들기도 했어요.

무령왕릉 ▶

● **신라의 무덤**

신라의 무덤 중에는 언덕만 한 것도 있어요. 관을 넣은 네모난 널을 만들고 그 위에 돌을 쌓아 올린 뒤, 흙을 덮은 무덤을 만들었어요. 이렇게 튼튼히 만들어서 무덤 속에 묻혀 있던 유물들을 아무도 훔쳐 가지 못했지요. 그래서 신라 천년의 역사가 지금까지 잘 보존되어 있는 거예요.

◀천마총

● **발해의 무덤**

발해의 정혜 공주 무덤은 고구려의 무덤과 비슷해요. 천장 모서리를 점점 줄여 가며 쌓았지요. 한편 정효 공주의 무덤 벽에는 시중드는 하인과 악기를 연주하는 사람, 호위 무사 등 열두 명이 그려져 있어요. 그들의 얼굴과 옷차림이 비교적 자세하게 그려져 있어서 당시 사람들의 모습을 생생하게 볼 수 있어요.

▲정효 공주의 무덤

발해의 마지막 순간

거란의 침입으로 멸망했어요

900년 즈음, 발해의 주변 나라들에 많은 변화가 일어났어요. 통일 신라는 신라, 후백제, 후고구려 세 나라로 나뉘었고, 당나라도 서서히 힘을 잃어 갔지요. 그때 당나라의 북쪽에 있던 거란이 주변 나라들을 정복하기 시작했어요.

거란은 맨 먼저 발해를 공격했어요. 당시 발해는 귀족들이 서로 권력을 차지하려고 끊임없이 싸우고 있어서 힘이 약해져 있을 때예요. 결국 발해는 거란의 침입을 막지 못하고 926년에 멸망했어요. 220여 년 동안 이어진 발해의 멸망으로 우리는 만주 지역의 땅을 영영 잃고 말았어요.

발해를 기억해 주세요

발해 사람들은 발해를 다시 일으키기 위해 노력했어요. 하지만 그 노력은 거란에 의해 물거품이 되고 말았지요. 그 뒤 발해의 귀족들을 비롯해 많은 사람들이 고려에 가서 살았어요. 고구려의 정신을 이어받은 고려를 같은 민족으로 생각했기 때문이에요. 고려의 왕건도 발해 사람들을 반갑게 맞아 주었고 왕씨 성도 내려 주었어요.
발해는 비록 220여 년 만에 사라졌지만, 고구려의 멸망으로 잃어버렸던 만주 땅에서 우리 역사의 맥을 이은 나라입니다.

낱말 퍼즐을 다 맞히고 그 위에 색을 칠하면 한 단어가 나타납니다.
재미있는 퍼즐도 풀고 비밀의 단어도 찾으며 발해의 역사 속으로 푹 빠져 봅시다.

★ 세로 문제

1 대조영의 아들 (도움말 : 168쪽, 세 글자)
2 예술 작품을 창작하거나 표현하는 것을 직업으로 하는 사람 (도움말 : 아티스트)
3 흑수 지역에 살았으며 말갈족 가운에 가장 거친 성격을 가진 사람들 (도움말 : 169쪽)
4 대조영이 고구려인, 말갈족들과 지린성의 동모산 기슭에 세운 나라의 이름 (도움말 : 진국)
5 발해를 세운 사람의 이름
6 천 리만큼 먼 길을 가도 한 걸음을 시작하는 것이 중요하다는 뜻의 속담
7 아는 길도 확인하고, 쉬운 일도 꼼꼼하게 살펴야 한다는 뜻의 속담

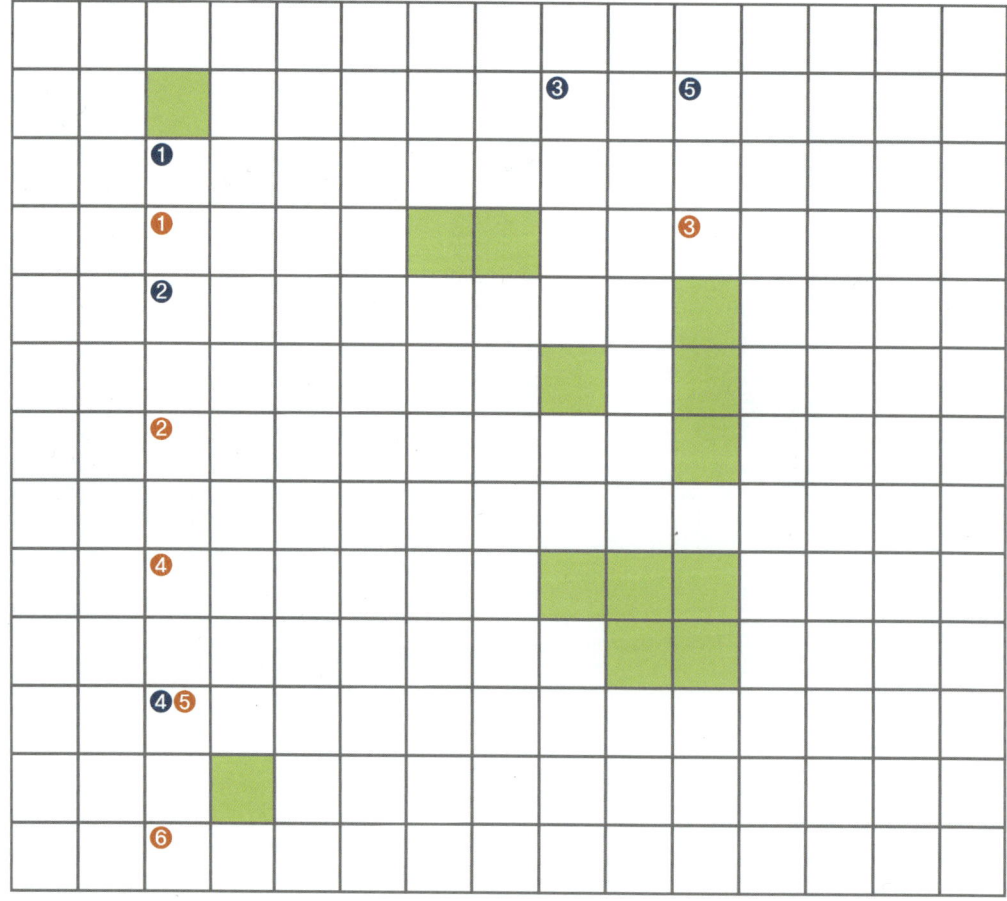

★가로 문제

1 붉은 바탕에 검은 점무늬 몸통을 가진 곤충
2 가재나 게처럼 모양이나 처지가 비슷한 사람들끼리 서로 돕는다는 뜻의 속담
3 세계 여러 나라에서 사용하는 국제어의 구실을 하는 언어
4 신라가 삼국을 통일하는 데 큰 공을 세운 두 인물 '○○○과 ○○○'(도움말 68~71쪽)
5 말은 발이 없지만 천 리 밖까지 순식간에 퍼지듯, 항상 말을 조심해야 한다는 뜻의 속담
6 이 책의 제목
7 발해의 첫 번째 도읍지 (도움말 : 173쪽)
8 발해의 마지막 도읍지 (도움말 : 173쪽)
9 현재 서울특별시 종로구에 있으며, 임진왜란 때 불타서 흥선 대원군이 다시 세운 조선 시대의 궁궐
10 여러 사람들이 함께 춤추고 노래하는 발해의 집단 무용 (도움말 : 175쪽)

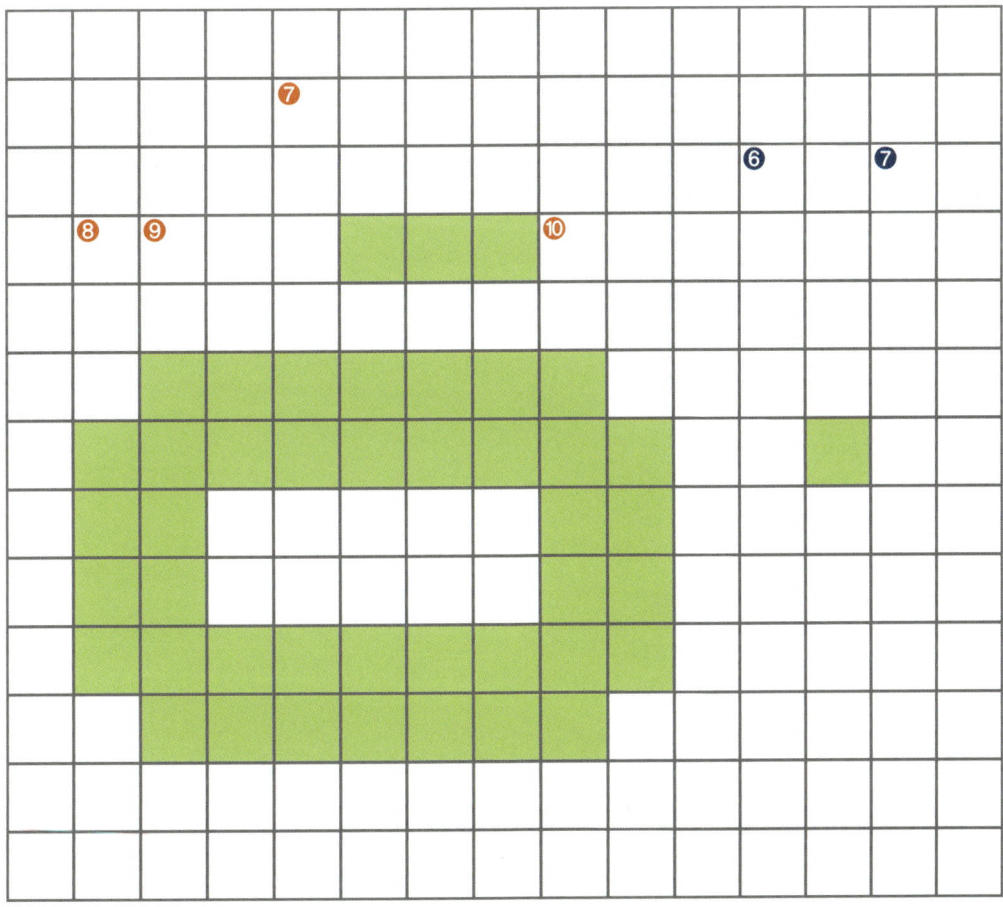

 # 정답

▼ 82~83쪽

▼ 118~119쪽

▼ 160~161쪽

▼ 182~183쪽

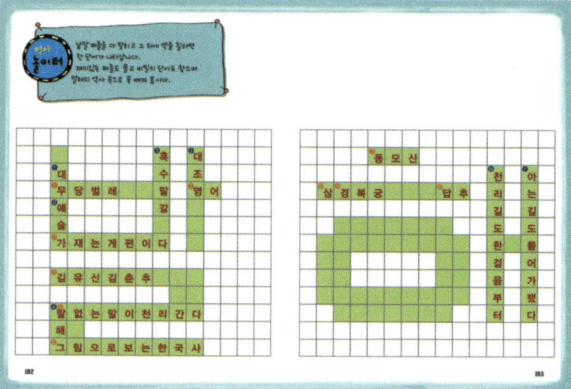

비밀의 단어 : 발해

3권에서 만나요!

《그림으로 보는 한국사》 시리즈(전 5권)는 계속 출간됩니다.

1권 선사 시대부터 백제까지

2권 신라부터 발해까지

3권 고려 전기부터 후기까지

4권 조선 전기부터 후기까지

5권 개화기부터 현대까지